collana diretta da
Antonio Paolucci

10

To dear Ken and Sarah,

With happy memories of our visit to Vallombrosa and San Pietro a Cascia, and the Via dei Sette Ponti, 6 September 2006.

With love, Peter.

Venezia : giugno 2007.

# Museo Masaccio d'arte sacra a Cascia di Reggello

Guida alla visita del museo
e alla scoperta del territorio

*a cura di*
Caterina Caneva

Musei del Territorio: l'Anello d'oro
*Museums of the Territory: The Golden Ring*

## Museo Masaccio d'arte sacra a Cascia di Reggello

*Enti promotori / Promoted by*
Ente Cassa di Risparmio di Firenze
Regione Toscana

*In collaborazione con / In collaboration with*
Soprintendenza Speciale per il Polo Museale Fiorentino
Soprintendenza per il Patrimonio Storico, Artistico ed Etnoantropologico per le province di Firenze, Pistoia e Prato
Soprintendenza per i Beni Architettonici e per il Paesaggio per le province di Firenze, Pistoia e Prato
Diocesi di Fiesole
Comune di Reggello

*Progetto e coordinamento generale / Project and general coordination*
Marcella Antonini, Verdiana Fontana, Barbara Tosti

*Comitato scientifico / Scientific committee*
Presidente: Antonio Paolucci
Cristina Acidini Luchinat, Caterina Caneva, Rosanna Caterina Proto Pisani, Carla Guiducci Bonanni, Gian Giacomo Martines, Paola Refice, Claudio Rosati, Bruno Santi, Timothy Verdon

*Cura scientifica / Scientific supervision*
Caterina Caneva

*Itinerario nel museo a cura di / Museum tour by*
Caterina Caneva

*Testi di / Texts by*
Caterina Caneva, Gaia Chimenti, Lorenzo Pesci, don Alessandro Righi

*Schede delle opere / Description of the works*
Caterina Caneva (nn. 3-4; 53-56; 63-66; 73; 82-83; 117;135; 137-141; 148-150)
Gaia Chimenti (nn. 1-2; 5-52; 72; 74-91; 94-116; 120-134; 136; 142-147)
Lorenzo Pesci (nn. 57-62; 67-71; 118-119)

*Itinerari a cura di / Itineraries by*
Nicoletta Baldini, Maria Pilar Lebole, Benedetta Zini

*Glossario e indici a cura di / Glossary and indexes by*
Francesca Sborgi

*Coordinamento redazionale / Editorial coordination*
Cristina Corazzi

*Traduzioni per l'inglese / English translation*
English Workshop

*Immagine coordinata della copertina / Cover page by*
Rovaiweber design

*Progetto grafico / Graphic project*
Polistampa

*Referenze fotografiche / Photography*
George Tatge
Antonio Quattrone (pp. 85-87; 89-90)

*Si ringraziano / Acknowledgements*
Archivio Storico della Diocesi di Fiesole
Kunsthistorisches Institut, Firenze
Parrocchia di San Pietro a Cascia
Ufficio Catalogo della Soprintendenza per il Patrimonio
   Storico, Artistico ed Etnoantropologico di Firenze, Pistoia e Prato
Roberta Orsi Landini

www.piccoligrandimusei.it

In copertina:
Masaccio,
*Trittico di San Giovenale*, particolare
1422
tempera su tavola

© 2007 Edizioni Polistampa
   Via Livorno, 8/32 - 50142 Firenze
   Tel. 055 737871 (15 linee)
   info@polistampa.com - www.polistampa.com
   *Sede legale*: Via Santa Maria, 27/r - 50125 Firenze

ISBN 978-88-596-0200-2

## Presentazioni

*Edoardo Speranza*
PRESIDENTE
ENTE CASSA
DI RISPARMIO
DI FIRENZE

Nel 1986 si inaugurava a San Martino a Gangalandi il primo museo di arte sacra in cui la collaborazione tra enti locali, autorità ecclesiastiche e organi dello Stato preposti alla tutela trovava quel prezioso punto di equilibrio che sarebbe diventato il fattore saliente di una lunga serie di analoghe iniziative cui l'Ente Cassa di Risparmio di Firenze avrebbe unito il valore aggiunto del proprio sostegno economico.

Quella data rappresentava uno dei primi segnali di inversione di una tendenza secondo la quale, vuoi per motivi logistici, vuoi per una non ancor ben affinata percezione della ricchezza delle risorse del territorio, si preferiva accentrare il patrimonio d'arte delle parrocchie foranee in luoghi considerati più sicuri e controllabili.

L'idea oggi prevalente del "museo diffuso" ribalta quella vecchia impostazione per restituire al territorio – grazie all'introduzione delle nuove tecnologie che aiutano a migliorare le esigenze della sicurezza – ciò che, spesso per ragioni di forza maggiore, era stato prudentemente sottratto all'attenzione del pubblico e alla pietas *popolare*.

Il Museo Masaccio d'arte sacra di San Pietro a Cascia di Reggello è stato inaugurato nel 2002, in occasione del VI Centenario della Nascita di Masaccio, con i contributi di Istituzioni quali la Regione Toscana, la Provincia di Firenze, la Diocesi di Fiesole, la Parrocchia di Cascia e dell'Ente Cassa di Risparmio, soprattutto per la fase di ordinamento e allestimento.

Il progetto di allestire un museo a Cascia ha origini lontane: già negli anni Sessanta, durante i lavori di restauro che interessarono la pieve, alcuni ambienti furono destinati ad ospitare un museo, ancora da realizzare.

Ma è stato nel corso dell'ultimo ventennio, di fronte alla dispersione e alla non fruibilità del patrimonio artistico della pieve e di altre chiese della zona, che il vecchio progetto museale ha preso forma concreta.

Oggi il museo è entrato a far parte di un circuito di centri espositivi che può contare su di uno strumento, voluto e promosso dall'Ente Cassa di Risparmio, e realizzato con la partecipazione condivisa degli altri soggetti interessati: mi riferisco a Piccoli Grandi Musei, sistema di comunicazione integrato che si avvale di un sito internet (www.piccoligrandimusei.it), di mostre promosse periodicamente nelle località coperte dal progetto e di guide a stampa dei musei coinvolti.

La presente guida del Museo Masaccio d'arte sacra di San Pietro a Cascia di Reggello si inserisce in tale contesto ed è volta, nello spirito dei Piccoli Grandi Musei, a far meglio conoscere e apprezzare la realtà storica e artistica del nostro territorio.

EDOARDO SPERANZA

**Antonio Paolucci**
Presidente del Comitato Scientifico

A San Pietro di Cascia di Reggello c'è il trittico detto di San Giovenale, l'opera prima di Masaccio, l'incipit del Rinascimento in pittura. Ma come si arriva a Cascia di Reggello? Si arriva attraverso il percorso insieme geografico ed artistico che cercherò di descrivere.

Occorre partire dagli Uffizi, dalla pala di Sant'Anna Metterza, il dipinto che vede cautamente confrontarsi le due culture, quella dolce e luminosa di Masolino, quella volumetrica e prospettica di Masaccio. Poi, usciti dagli Uffizi, si entra nella Cappella Brancacci al Carmine dove è necessario sostare di fronte al Tributo: "Colosseo di uomini" come è stato definito. Non bisogna dimenticare il monte che sta dietro l'episodio evangelico perché quel monte lo ritroveremo quando, presa l'autostrada in direzione Valdarno Reggello, giunti all'altezza di Incisa, lo vedremo incombere sulla pianura. È il Pratomagno, la grande montagna che Masaccio vedeva da San Giovanni, il suo paese natale, e, lavorando al Carmine a Firenze, finse sullo sfondo del Tributo. Ai piedi del Pratomagno, all'ombra di un venerabile campanile, c'è San Pietro di Cascia, il luogo che ospita il Trittico di San Giovenale.

Altro percorso possibile. Il Museo di San Marco a Firenze è consacrato al Beato Angelico. La pittura come "visibile pregare" ha qui la sua perfetta dimostrazione. Fermiamoci di fronte alla Annunciazione in affresco dipinta circa il 1440. Ciò che colpisce è la semplicità, quasi la castità della scena rappresentata. La Madonna è una giovinetta umile e un po' spaurita che, a braccia conserte seduta su un rustico sgabello, riceve l'annuncio. L'Angelo è un fanciullo biondo che accenna un breve inchino con aria premurosa e felice, e sembra abbia fretta di dare l'inaudita notizia: il Verbo si è fatto Carne, Dio si è riconciliato con gli uomini, Cristo Salvatore vive nel grembo della Vergine Maria.

L'Incarnazione, il mistero più inconcepibile e più ineffabile (nel senso che non c'è mente umana che possa comprenderlo né voce che possa raccontarlo) è presentata dal Beato Angelico con gli strumenti della semplicità e della "moderna" verità. Perché il luogo dell'annuncio è una loggia fiorentina nitida e rigorosamente esatta nelle proporzioni e nell'impianto prospettico. Sembra progettata da Filippo Brunelleschi, l'architetto che negli stessi anni costruiva il Loggiato degli Innocenti. Sullo sfondo un prato verde e un giardino ombroso, delimitato da una staccionata di legno. Verrebbe voglia di entrare in quel giardino segreto che è figura del Paradiso terrestre. Gli uomini lo hanno perduto a causa del peccato dei progenitori, ma ora, grazie al concepimento di Cristo annunciato dall'Angelo, esso è di nuovo aperto alla speranza dei credenti.

Una sottile trama di simboli, una rete di significati leggera come un'ala di farfalla, governa la scena. Il pittore si ferma sulla soglia del mistero e chiama a una contemplazione silenziosa. Il silenzio aiuta a entrare nella poesia della luce e dell'ombra che accarezza le colonne, i capitelli, svela la profondità del luogo, sfiora il volto della Vergine. La bellezza del mondo che Dio ha dato agli uomini è un miracolo. Il miracolo del Vero visibile restituitoci dalla pittura è il primo gradino per arrivare alla fede. Questo sembra voler dire il Beato Angelico nella Annunciazione conservata nel Museo di San Marco.

Ebbene, una variante, quasi un clone, della Annunciazione che ho cercato di descrivere e che incanta le centinaia di migliaia di turisti che ogni anno arrivano in San Marco, si trova, proveniente dal convento francescano di

Montecarlo, nel Museo parrocchiale di San Giovanni Valdarno. E un'altra variante ancora dell'Annunciazione – chi volesse proseguire il viaggio per la strada che da Arezzo porta a Perugia – la incontrerebbe a Cortona.
E che dire di Giotto e del suo destino nelle scuole artistiche di Toscana e d'Italia? Dal suo magistero, come da una rosa dei venti, si dipartono le varianti eccelse che portano al Buffalmacco di Pisa, all'espressionismo dei bolognesi, alla maniera dolce e fusa di Giovanni da Milano e, in Val d'Arno, alla misura aulica e luminosa di quel grande allievo che gli studiosi conoscono come "Maestro di Figline". Dalla Madonna di Ognissanti *degli Uffizi, alla Ma*donna della Costa a San Giorgio *del Museo diocesano di Santo Stefano al Ponte a Firenze, è agevole arrivare alla Collegiata di Figline e ai capolavori del maestro che di questa nobile città ha assunto il nome.*
*La scultura colorata dei Della Robbia ha la sua superba esemplificazione nel Museo Nazionale del Bargello.* Ci sono tutti i maestri che hanno consegnato al dolce splendore dell'ingobbio ceramico le forme del Rinascimento: da Luca, ad Andrea, a Giovanni Della Robbia. *Ma chi appena conosce la provincia italiana sa che le pale robbiane sono presenti ovunque: dalle Marche all'Umbria, dalla Verna al Valdarno alla Valdichiana. Ed ecco che il delizioso* Busto di fanciulla *del Bargello viene a tener compagnia ai capolavori invetriati di cui è orgogliosa, nel suo museo annesso alla collegiata di San Lorenzo, Montevarchi. Infine il Ghirlandaio, il Ghirlandaio che sta a Santa Trinita, chiesa vallombrosana di Firenze e sta anche a Vallombrosa chiesa madre dell'ordine. Quale modo migliore per sottolineare una stia comune di storia, di cultura e di fede che portare nella venerabile abbazia, il* Presepio *che la Cappella Sassetti gelosamente conserva?*
*Così vanno le cose nel nostro Paese, questa è la vera peculiarità che ci fa unici ed invidiati nel mondo. Si esce dal-*

la città illustre e dal grande museo oggetto del turismo dei grandi numeri e si entra nella affascinante trama d'oro del museo diffuso. In Italia (e in Toscana con particolare visibilità e splendore) tutto si riflette in tutto. Storia e Bellezza si moltiplicano in rivoli preziosi che occupano ogni profilo di collina, ogni piega del paesaggio. Masaccio sta agli Uffizi e al Carmine ma anche a San Pietro di Cascia di Reggello; il Beato Angelico lo incontriamo a San Marco ma anche a San Giovanni Valdarno; Giotto abita gli Uffizi e Santo Stefano al Ponte ma i suoi mediati riverberi arrivano fino alla collegiata di Santa Maria Assunta a Figline. I maestri robbiani sono ubiqui (al Bargello come a Montevarchi) e ubiquo è il Ghirlandaio che sta nell'abbazia di Vallombrosa come nella Cappella Sassetti di Santa Trinita.

Affinché tale concetto emerga con evidenza smagliante, nel 2007, la Fondazione Cassa di Risparmio di Firenze presieduta da Edoardo Speranza ha portato a Cascia di Reggello la Madonna Casini *(dagli Uffizi)*, a San Giovanni un comparto, appena restaurato, della celebre "pala dei Linaioli" del Beato Angelico (da San Marco), a Figline la Madonna di San Giorgio alla Costa *del giovane Giotto*, a Montevarchi la Fanciulla *del Bargello*, e a Vallombrosa la "pala Sassetti" del Ghirlandaio. L'obiettivo è degno e importante. Noi vogliamo che i tesori d'arte distribuiti nelle città e nei paesi della nostra regione – agli Uffizi e al Bargello di Firenze come nei piccoli centri e nelle mirabili raccolte di arte sacra che costellano la Valle dell'Arno – vengano intesi e vissuti come parti di quell'unico e vivo museo sotto il cielo che è la Toscana.

ANTONIO PAOLUCCI

*Bruno Santi*
SOPRINTENDENTE
PER IL
PATRIMONIO
STORICO,
ARTISTICO ED
ETNOANTROPOLO-
GICO DI FIRENZE,
PISTOIA E PRATO

*Il Valdarno Superiore (il territorio della valle del fiume principale della nostra regione che dal termine della grande curva che aggira il Pratomagno giunge fino a Firenze) è senza dubbio una zona di cospicuo interesse paesaggistico e storico.*

*I calanchi ai piedi della zona di Reggello, le cortine montane che delimitano il corso dell'Arno (da una parte i monti del Chianti, dall'altra lo stesso Pratomagno), i boschi maestosi della Vallombrosa, le colline che già presagiscono la piana fiorentina, sono già di per sé i segni di una natura un tempo rigogliosa (e in parte silvestre), mentre i centri abitati rimandano – coi loro castelli, le cittadine murate, le abbazie – a una vicenda storica complessa e doviziosa, ricca di memorie civili e religiose.*

*(Domina su tutte – comunque – la suggestiva badia vallombrosana, austera come un fortilizio, quasi volesse ricordare, con questo suo aspetto severo, la volontà riformatrice di san Giovanni Gualberto, che dopo il perdono all'uccisore del fratello, portò con la sua congregazione di regola benedettina che prese il nome proprio dal luogo dove sorse il cenobio, un forte àlito di rinnovamento nelle stanche e confuse membra della chiesa fiorentina).*

*Eppoi, i numerosi insediamenti urbani, tutti dipendenti dall'espansione della dominante Firenze, che in questa zona, così fondamentale per i collegamenti nord-sud della regione, fondò mercatali, terre nuove, castelli.*

*Nonostante le suddivisioni amministrative posteriori (e in parte storicamente incongrue), il segno di Firenze si è fatto sentire in modo chiaro e inequivocabile in queste zone, lasciando memorie e testimonianze d'arte d'indubitabile rilevanza, nonché personalità artistiche che hanno lasciato un'orma profonda nella cultura figurativa toscana e nazionale.*

*Così Masaccio, nato da una nota famiglia notarile in Castel San Giovanni in Altura, poi San Giovanni Valdarno; così Masolino, ormai accertato come nativo di Panicale in questa stessa valle, solo per ricordare i vèrtici di una cultura figurativa che, rinnovata, s'avviava verso le soluzioni "rinascimentali" delle problematiche espressive dell'arte pittorica.*

*Ed è proprio il "Rinascimento in Valdarno" il titolo della nuova iniziativa dell'Ente Cassa di Risparmio fiorentina, che nell'àmbito del più ampio progetto "Piccoli grandi musei" (il cui successo, nelle zone del Chianti e della Valdelsa, ha confermato la validità dell'impresa, vòlta soprattutto a valorizzare il patrimonio artistico sul territorio, quel "museo diffuso", caro come definizione e attenzione ad Antonio Paolucci, una delle personalità del nostro tempo più note e attive nel settore dei beni culturali, in cui ha svolto incarichi prestigiosi, fino alla più alta carica ministeriale), ha voluto ribadire la propria sensibilità verso la presenza culturale nelle zone della provincia fiorentina e la sua conoscenza.*

*Con in più, una intuizione che definirei di contestualità "topografica": ossia l'unitarietà degli aspetti di civilizzazione, di lingua e di tradizioni del Valdarno Superiore, oggi inopinatamente diviso tra le province di Arezzo e di Firenze.*

*Il progetto si muove su una falsariga già sperimentata con notevole rispondenza di pubblico e – se mi si concede – anche seguendo un principio che riteniamo di notevole rilevanza storica e storico-artistica: ossia, il prèstito – nel territorio e al territorio – di opere d'arte di grande rilie-*

BRUNO SANTI

vo provenienti dal vastissimo patrimonio fiorentino per un doveroso confronto con le presenze locali. Ecco quindi Giotto a Figline; Domenico Ghirlandaio a Vallombrosa; Masaccio a Cascia di Reggello; il Beato Angelico a San Giovanni Valdarno e infine Andrea della Robbia a Montevarchi.

L'iniziativa così strutturata non resta dunque fine a se stessa. I validi supporti alla sua conoscenza, ossia le guide dei musei che ospitano le opere, sono state rivisitate e aggiornate, a cura di sperimentati curatori storici dell'arte, così da renderle strumenti attuali ed esaurienti; non màncano – a perfezionare la conoscenza approfondita del territorio – itinerarî che porteranno i visitatori verso le realtà produttive della zona, e verso le sue risorse e attrattive enogastronomiche.

E infine, a cura della giurisdizione ecclesiastica, una descrizione delle abbazie che nei secoli hanno caratterizzato la presenza religiosa nel Valdarno Superiore.

La realizzazione dell'iniziativa – originata da una decisione motu proprio dell'Ente Cassa – si deve comunque a una figura professionale che crediamo davvero unica nel contesto europeo della tutela del patrimonio culturale e tipica dell'amministrazione dei beni culturali del nostro Paese: il funzionario di soprintendenza (rappresentato, in questo caso, nel Valdarno fiorentino da Caterina Càneva, che di queste zone è conoscitrice profonda, e a cui si devono – nel tempo – tante iniziative di valorizzazione tra cui – me lo si lasci celebrare per legittima soddisfazione d'ufficio – l'ordinamento del museo della pieve di San Pietro a Cascia e di quello dell'Abbazia di Vallombrosa; e dai suoi omologhi nella parte della valle pertinente alla provincia d'Arezzo): ossia il personaggio istituzionale (per così dire) che dall'ormai secolare operatività di questi uffici ha sempre saputo unire l'opera di controllo e di tutela sulla conservazione e la sicurezza del patrimonio a lui affi-

*dato con la sua conoscenza scientifica (quindi storico-critica). A queste personalità di funzionarî e studiosi va dunque attribuita la produzione dei testi; agli enti locali interessati dal progetto, la disponibilità e la coscienza di far parte di un programma di valorizzazione del territorio; all'Ente Cassa di Risparmio, alla sua presidenza, alla direzione generale, ai collaboratori davvero instancabili che cooperano con le strutture dirigenziali, la Soprintendenza per il patrimonio storico-artistico di Firenze (e credo, anche l'analogo ufficio di Arezzo), non può che rinnovare la gratitudine non solo per l'indubbia opera di valorizzazione di questo patrimonio di cultura, di storia, di devozione religiosa e creatività umana, ma anche per la costante opera di favorirne la conservazione, in un momento – finanziario e operativo – certamente non propriamente felice nell'amministrazione statale dei beni culturali.*

BRUNO SANTI

**Claudio Martini**
Presidente della Regione Toscana

*Il patrimonio artistico della Toscana è costituito da un'infinita quantità di espressioni artistiche che spaziano dai manufatti etruschi alle avanguardie del '900, passando per il Rinascimento ed il Barocco e coinvolgono l'intero territorio regionale.*

*Possiamo affermare che l'intera nostra regione è un museo a cielo aperto e gli oltre 450 musei della Toscana un solo grande museo capace di toccare più di 450 aspetti unici e diversi della nostra storia.*

*L'idea che guida i nostri progetti culturali e che ci ha permesso di iniziare a valorizzare le potenzialità, spesso non sfruttate, della Toscana minore è proprio quello di presentare la nostra offerta come un unico museo vivo e moderno.*

*Un unico museo formato da una rete di siti e di attività che interagiscono e dialogano fra loro abbinando la vocazione ad esporre e conservare a quella della promozione e della valorizzazione.*

*È la logica di "sistema" la chiave di volta per permettere un'efficace promozione anche dei musei così detti "piccoli" che avrebbero altrimenti minori possibilità di visibilità.*

*Attraverso il sostegno alle forme di cooperazione fra musei, a livello tematico o territoriale, riusciamo a far crescere sia la qualità dell'offerta e raggiungere livelli di eccellenza. Un traguardo che, in considerazione di quanto la nostra terra ha da offrire, dobbiamo considerare irrinunciabile.*

*Continueremo ad investire in cultura perché consideriamo la cultura un fattore di sviluppo economico e di occupazione qualificata e soprattutto perché investire in cultura significa investire sull'intelligenza delle persone e sull'identità di un territorio: la Toscana.*

† *Luciano*
*Giovannetti*

Vescovo
di Fiesole

*L*a *Diocesi di Fiesole con il concorso di alcuni Enti, come l'Ente Cassa di Risparmio di Firenze, e la collaborazione delle Soprintendenze, ha realizzato musei per l'arte sacra dislocati sul territorio, cercando di mantenere le opere d'arte nelle zone di origine. In questi ultimi anni sono nati i musei della Basilica di San Giovanni Valdarno con l'*Annunciazione *del Beato Angelico, della Pieve di Cavriglia con la* Croce *tardo-ottoniana della seconda metà del secolo* XII, *della Collegiata di Montevarchi con il* Tempietto robbiano, *di Cascia di Reggello con il* Trittico di San Giovenale *di Masaccio, di Vallombrosa con la pala del Ghirlandaio, di Incisa Valdarno con la tavola di Sebastiano Mainardi, e non va dimentico quello della Collegiata di Figline Valdarno, il primo sorto sul territorio negli anni Ottanta del Novecento, che conserva la tavola del Cigoli.*

*I Musei d'arte sacra sono da considerarsi come luoghi privilegiati per la conservazione, la tutela e la valorizzazione del patrimonio artistico, culturale e religioso della comunità diocesana, un patrimonio che merita di essere considerato punto di riferimento per iniziative culturali e pastorali. È infatti sempre più urgente ed indispensabile operare sul territorio a tutti i livelli, non solo per salvaguardare le preziose opere d'arte esistenti, ma per creare nelle comunità locali strutture vive che possano essere una sorta di documentazione di arte, di storia e di memoria, nella quale ritrovare le origini delle nostre radici.*

*Il territorio del nostro Comune comprende una zona particolarmente felice per bellezze naturali ed emergenze storico-artistiche, che si intersecano e si completano le une con le altre, in un insieme unico e caratteristico di questa terra di Toscana.*
*Le pievi, con i loro campanili imponenti, emergono dai terrazzamenti degli ulivi e le ville ed i castelli si stagliano all'improvviso sul profilo delle colline. Questo è il nostro paesaggio, in cui scindere l'apporto dell'uomo da quello della natura sarebbe difficile ed anche inutile. La sedimentazione storica ha lasciato ricordi tangibili ed ancora vivibili, che ci sorprendono sempre per la loro bellezza, evidente nelle pietre antiche, come nei tracciati delle strade o nei toponimi che parlano di un passato lontano.*
*Questa terra, resa così ricca dal trascorrere del tempo, dalle sue caratteristiche paesaggistiche e dalla presenza dell'uomo, ha anche la fortuna di collocarsi al limitare del territorio di Firenze, con cui ha avuto da sempre rapporti di vario genere, in un interscambio storico ed artistico che si fa ancora sentire.*
*Evidentemente non è un caso se il Masaccio della Cappella Brancacci ha compiuto una delle sue prime opere proprio qui, nella chiesetta di San Giovenale, che si raggiunge ancor oggi per una strada campestre, probabilmente derivazione dell'antica Cassia.*
*Significa che una temperie culturale diffusa ha dato i suoi frutti, non fermandosi solo al capoluogo ma investendo anche il "contado" e vivendo fuori della città.*

*Don Ottavio Failli*
Pievano

*Sergio Benedetti*
Sindaco di Reggello

L'identità locale che ne deriva è estremamente importante, soprattutto in un tempo come il nostro che tende ad omologare ed appiattire le differenze. È importante in quanto dà il senso alla nostra comunità della grandezza del patrimonio di cui è depositaria, che deve essere valorizzato con ogni mezzo.

È questo uno degli obiettivi prioritari della nostra Amministrazione, che si è sempre adoperata per qualificare il territorio. Anche la nascita del Museo d'arte sacra "Masaccio" è stata motivo di grande soddisfazione ed è stata appoggiata con convinzione e forza: attraverso oggetti sacri e dipinti, il Museo permette un recupero della memoria storica ed artistica di questi luoghi, facendo conoscere un passato legato intimamente alla nostra cultura e permettendo di fruire di opere d'arte che in precedenza si trovavano disperse in luoghi diversi. Si tratta di dipinti dell'arte fiorentina, argenti, oggetti ecclesiastici ed una collezione di paramenti sacri dai preziosi tessuti, raccolti in locali, nel complesso della pieve romanica di San Pietro a Cascia, che sono essi stessi testimonianza del nostro passato.

L'iniziativa promossa dall'Ente Cassa di Risparmio, che sostiene un progetto legato alla valorizzazione delle realtà museali locali, è per noi estremamente rilevante, in quanto dà nuovo risalto e visibilità al Museo "Masaccio" e sarà certo in grado di catalizzare l'interesse del pubblico che speriamo vorrà prendere l'occasione per apprezzare anche le tante altre eccellenze del nostro territorio.

Ringraziamo quindi molto tutti coloro che hanno creduto in questo progetto e si sono adoperati per la sua attuazione, perseguendo l'obiettivo di ampliare l'accesso ad una fruizione culturale decentrata.

# Museo
## Masaccio d'arte sacra
## a Cascia di Reggello

# Museo Masaccio d'arte sacra a Cascia di Reggello

*Caterina Caneva*

Il Museo di Cascia è nato all'ombra di due grandi numi tutelari: la pieve di San Pietro e il *Trittico di San Giovenale* di Masaccio, entrambi pietre miliari nel patrimonio storico-artistico italiano, oltre che toscano. Intorno a questi due capolavori di architettura e d'arte, che ne sono stati l'elemento trainante, è stato possibile realizzare questa nuova struttura museale che, dal 2002, arricchisce il territorio di Reggello con ambienti diversamente allestiti e articolati, all'insegna dell'aggiornamento tecnico e dell'eleganza di arredi.

## La pieve

Sorta come altre pievi romaniche lungo l'antico tracciato della consolare *Cassia Vetus*, di cui l'attuale strada detta "dei Sette Ponti" ripercorre in parte il tracciato, la pieve testimonia, come le consorelle di Pelago, Pitiana, Scò e Gropina tra le altre, l'importanza che questi edifici rivestivano lungo le vie più importanti di comunicazione (e di pellegrinaggio), tanto sotto il profilo religioso quanto sotto quello civile e amministrativo. Costruita probabilmente sul sito di una più antica chiesa paleocristiana, con a fianco una torre longobarda poi adattata a campanile, la pieve acquisì la struttura attuale tra la fine del XII e l'inizio del XIII secolo, nel più puro e austero stile romanico. La facciata, su cui si è armoniosamente appoggiato in età rinascimentale un portico, chiuso ai lati nel 1569, presenta il tipico tetto a

*Pieve di San Pietro a Cascia*

spioventi ed è appena animata da un'archeggiatura cieca che sembra dilatarsi negli archi del portico sottostante; l'interno è a tre navate divise da colonne con due pilastri nella zona dell'altare e ha un'unica abside che espandendosi all'esterno rende particolarmente suggestiva la veduta dal retro. I capitelli meritano una particolare considerazione, dotati come sono di intagli a motivi fitomorfi ma anche con scene allegoriche in cui hanno risalto essenziale uomini e animali e pur essendo probabilmente opera di maestranze locali rivelano l'apporto fondamentale della cultura figurativa e tecnica lombarda.

Nel tempo la chiesa, seguendo il cambiamento del gusto che dal Cinquecento in avanti prediligeva il fasto negli arredi e nei dipinti, ha subito specie nel suo interno profonde modifiche che l'hanno progressivamente dotata di grandi altari laterali e di pitture murali sovrabbondanti. In quell'occasione (fine Cinque-inizi Seicento) entrarono a decorare le nuove strutture grandi tele di autori e di qualità diversi, mentre si veniva stratificando un patrimonio di arredi liturgici e parati di tutto rispetto.

La pieve del resto era sede di pievani spesso benestanti, quando non addirittura luogo di diporto di vescovi di Fiesole appartenenti all'aristocrazia fiorentina, senza contare le Compagnie religiose che vi avevano sede e le grandi famiglie con importanti possedimenti nella zona: elementi che concorrevano a dotare la chiesa del cospicuo patrimonio di tessuti, argenteria e legni intagliati che ha trovato sede nel museo. La presenza poi di un *Crocifisso ligneo* ritenuto miracoloso, attorno al quale si concentrava la devozione dei fedeli, vi faceva convergere una ricca messe di ex voto, mentre si aggiungevano progressivamente alla canonica altri corpi di fabbrica: questi hanno finito per creare un cortile interno quasi rettangolare dotato di belle proporzioni e di splendida acustica.

Solo negli anni Sessanta del Novecento, ad opera dell'architetto e soprintendente Morozzi, fu intrapresa coraggiosamente l'operazione di smantellamento che ha recuperato alla pieve il suo aspetto originario sia all'esterno che all'interno, con l'eliminazione dei grandi altari e delle eccessive decorazioni. Da quel momento San Pietro a Cascia è entrata a buon diritto nel novero delle più armoniose ed essenziali architetture romaniche della Toscana.

Al suo interno si conservano oggi: nella zona absidale il pregevole *Crocifisso* ligneo trecentesco detto "della Casellina" dall'antico oratorio di provenienza e (sulla parete sinistra) un affresco staccato raffigurante l'*Annunciazione*, opera di Mariotto di Cristofano, cognato di Masaccio.

Allorché, all'inizio di questo secolo, col concorso della parrocchia animata dal pievano don Ottavio Failli, della Diocesi di Fiesole, della Soprintendenza dei Beni Artistici e Storici e con l'apporto determinante dell'Ente Cassa di Risparmio di Firenze, si giunse alla determinazione di allestire il museo della pieve, furono verificati i materiali degni di essere esposti. Tra questi i più appariscenti erano le grandi tele e tavole che, con la distruzione degli altari, avevano perso la loro originaria collocazione: si trattava di opere di pregio dalla fine del Quattrocento al Settecento, ricoverate da decenni nei depositi delle Soprintendenze. Fra gli autori, oltre alla Scuola del Ghirlandaio, erano presenti Alessandro Allori detto Bronzino, Santi di Tito, Jacopo Vignali, Zanobi Rosi e anche un interessante e misterioso pittore "alloriano" che nel 1575 firmava una bella tavola centinata «Agnolo Ghuidotti da Fiesole»: segno di una buona capacità dei committenti di orientarsi tra le diverse botteghe attive a Firenze. La maggior parte dei dipinti è stata restaurata e, a cominciare dalle più pregevoli, le grandi pale sono state selezionate per il museo dove occupano oggi un posto di rilevanza nel grande salone.

Quanto agli arredi e ai parati, la pieve poteva contare già su una dotazione considerevole, ma tenendo conto dell'esistenza sul territorio di Reggello di tante altre chiese antiche dotate di un ricco patrimonio artistico (vedi a questo riguardo pp. 123 e sgg.), è sembrato opportuno trasferire qui per una migliore conservazione e fruizione quanto di meglio era custodito con cura gelosa ma spesso in condizioni precarie di sicurezza in queste altre sedi. In particolare con questa operazione si è venuta a comporre nel museo una ragguardevole sezione di paramenti sacri, dal Quattrocento al Novecento, provenienti tra l'altro da Santa Margherita a Cancelli, da Sant'Agata in Arfoli, da San Pietro a Pitiana, da Sant'Andrea a Borgo a Cascia e dalle chiese di Rota, Ostina, Pontifogno: l'interesse che negli ultimi decenni si è venuto concentrando su questi manufatti sontuosi ma anche fragili e facili da disperdere ha suggerito di destinare alla loro esposizione diverse vetrine nel museo, all'interno delle quali vengono esposti a rotazione per una migliore conservazione. Diversi restauri sono stati inoltre intrapresi al riguardo, come del resto sugli oggetti d'argento e di legno intagliato, anch'essi provenienti da alcune della chiese su citate. In particolare ci piace ricordare la bella *Croce astile* del Quattrocento dalla chiesa di Santa Maria a Sant'Ellero, usata ininterrottamente in loco fino al trasferimento nel museo. Altri arredi si segnalano per antichità, come il *turibolo, la navicella e il secchiello* del Trecento da San Martino a Pontifogno, o per la qualità dell'esecuzione, come il *Calice "della Passione"* del secolo XVIII da Santa

Margherita a Cancelli o il *reliquiario a croce* da Santo Stefano a Cetina del secolo XVIII e, non ultimo, il bellissimo calice degli anni Trenta-Quaranta del Novecento dell'orafo fiorentino Manuberti, appartenente a Cascia.

Tra le particolari collezioni del museo, che lo distinguono da altri analoghi, segnaliamo la sezione degli Ex voto (nella "Camera del Pievano") che rievocano una prassi devozionale assai diffusa e documentata da oggetti diversi, preziosissimi o semplicemente toccanti per l'atto di gratitudine che essi testimoniano. Ancora più originali sono la piccola raccolta di *Icone* di manifattura russa dal XVIII al XX secolo e quella di oggetti tipici della liturgia ebraica, con argenti di grande qualità; realizzata dall'attuale pievano don Failli, questa raccolta consente un interessante confronto con le immagini e gli arredi della liturgia cattolica, così ben rappresentati nel museo.

## Il Trittico di San Giovenale *di Masaccio*

Prima di trovare la sua collocazione legittima all'interno del museo, l'opera era visibile dal 1988 nella zona absidale della pieve, della quale aveva da quel momento condizionato positivamente la vita grazie all'interesse di studiosi, appassionati e turisti che vi convergono costantemente attratti da quel capolavoro assoluto, la prima opera a noi nota di Masaccio. La pieve non è però la sede originale del *Trittico*, del quale gioverà qui ripercorrere brevemente la storia.

Non citato dalle fonti, né conosciuto prima del secolo XX, il dipinto fu riscoperto nel 1961 nella chiesetta di San Giovenale, distante poche centinaia di metri da Cascia, da Luciano Berti, studioso insigne del Masaccio e poi direttore degli Uffizi. La destinazione originale a quella sede era confermata dalla presenza, a sinistra della Vergine, di San Giovenale, raramente rappresentato altrove. Subito trasferito a Firenze il dipinto fu sottoposto a studi approfonditi oltre che ad un restauro globale, indispensabile date le cattive condizioni delle tavole che lo compongono e della superficie pittorica interessata da molte cadute e sollevamenti di colore. Sotto una cornicetta moderna che lo racchiudeva venne alla luce la scritta in basso che conteneva oltre ai nomi dei santi, Bartolomeo, Biagio, Giovenale e Antonio abate, anche la data «(*Anno do*) MINI MCCCCXXII A DI VENTITRE D'AP (*rile*)», determinante per poter assegnare a Masaccio l'opera che già rimandava all'artista per spiccate qualità stilistiche e che Berti poté quindi inserire a buon diritto nel suo fondamentale studio sull'opera dell'artista valdarnese. Dal 1961 dovevano passare 27 anni prima che il *Trittico*, conservato intanto nei depositi della Soprintendenza, trovasse una sua dignitosa collocazione: non essendo più la chiesa di San Giovenale idonea alla sua conservazione, restava in dubbio se trasferire il *Trittico* a Fiesole (appartiene di fatto al Capitolo di quella Cattedrale) o riportarlo comunque sul territorio di origine. Quest'ultima soluzione era caldeggiata fortemente in loco e auspicata anche dalla Soprintendenza, orientata negli ultimi decenni a mantenere le opere d'arte sul luogo di destinazione originale, con un procedimento inverso a quello che nei secoli precedenti ha portato alla spoliazione delle chiese periferiche in favore dei grandi musei cittadini. Alla fine ha prevalso quest'ultima opinione e il *Trittico* ha ripreso trionfalmente la strada di casa, accolto sulla parete sinistra di fianco all'abside, sopra il fonte battesimale, nella splendida pieve di Cascia, luogo all'altezza di conservare al meglio ed esibire questo fondamentale episodio di arte rinascimentale.

*Chiesa di San Giovenale a Cascia*

Protetto e controllato il *Trittico* ha trascorso qui altri 19 anni della sua vita prima di essere trasferito in occasione della manifestazione "Rinascimento in Valdarno" all'interno del museo, nella sala a lui dedicata, dove a parità di protezione e conservazione potrà essere ammirato con più agio. Più oltre in questa stessa guida si troverà un capitolo speciale dedicato appunto a questo grande brano di arte italiana.

MUSEO MASACCIO D'ARTE SACRA A CASCIA DI REGGELLO

# Il Romanico nel Valdarno Superiore

Tra il secolo XI e il XIII si assiste nel Valdarno Superiore alla nascita o alla riedificazione di una serie di pievi e abbazie dalle caratteristiche formali e strutturali alquanto unitarie, tanto da far supporre l'operare di una serie di maestranze di oltre Appennino. Molti di questi edifici hanno però subito nel tempo ammodernamenti pesanti che hanno in parte cancellato il primitivo aspetto romanico: la pieve di San Pietro a Pitiana, già esistente nei primi decenni del secolo XI, ebbe ad esempio una massiccia ristrutturazione nel 1631, tant'è vero che del periodo romanico ha conservato intatto solo il campanile.

San Pietro a Cascia, sorta a lato del guardingo longobardo, conobbe alla fine del secolo XII il massimo splendore con la realizzazione dell'edificio che vediamo oggi. Sorta come Cascia, Gropina e San Giustino sulla Strada dei Sette Ponti, troviamo citata nei primi decenni del Mille anche Santa Maria di Scò, che possiamo ammirare nella sua originale bellezza caratterizzata dalla facciata composta da cinque arcate cieche e da un impianto basilicale concluso da tre absidi.

San Pietro a Gropina, esistente prima del X secolo, risultava possesso dell'Abbazia di Nonantola e venne completamente riedificata nel XII secolo, ma conserva ancora l'ambone longobardo. San Giustino, sorta nel secolo XII, segue lo schema basilicale a tre navate divise da pilastri e da due colonne. Anche San Leolino a Rignano, sorta nei secoli X-XI, presenta uno spazio interno diviso in tre navate e concluso da tre absidi mentre il campanile, a fianco della chiesa, mostra nella zona inferiore tracce della struttura romanica. A Figline Valdarno, San Romolo a Gaville, sorta nel secolo XII a fianco della torre preesistente, risulta inserita nella sua vetustà in un contesto particolare. L'interno, a tre navate divise da colonne con capitelli e pilastri interessanti, termina con una sola abside. San Gio-

L'abside di San Pietro a Cascia

vanni Battista a Cavriglia, documentata già nel secolo XI, ebbe un ruolo importante per tutto il territorio circostante: tracce dell'edificio romanico sono visibili nella zona absidale e nelle strutture perimetrali.
Tutte queste pievi, come abbiamo visto, sono a impianto basilicale a tre navate spartite da colonne, pilastri e capitelli riccamente scolpiti a motivi zoomorfi, fitomorfi o figurati; presentano inoltre un paramento mura-

rio composto da conci di arenaria perfettamente squadrati e una o tre absidi. La copertura è realizzata con legname a vista, mentre la volta a botte è limitata alle cripte come nell'Abbazia di Rosano e nella pieve di San Pancrazio a Cavriglia: considerati nel loro insieme questi edifici, per dimensioni e armonica integrazione di architettura e scultura, costituiscono una delle più importanti realizzazioni del Romanico in terra di Toscana.
Accanto alle chiese battesimali dobbiamo ricordare però anche molte chiese da esse dipendenti che hanno mantenuto un carattere romanico di estrema semplicità: tali edifici di culto presentano un impianto a unica navata con abside e talvolta conservano qualche elemento di chiostro, come nelle canoniche di San Pietro in Perticaia e di San Michele a Pavelli (quest'ultima in particolare va ricordata per aver mantenuto il rivestimento absidale a bande alterne di alberese e arenaria). È da ricordare anche la chiesa di Sant'Agata in Arfoli che, pur rimodernata nel secolo XV, conserva numerosi reperti medievali, come del resto la chiesa di San Siro a Cascia che ha mantenuto un interessante fregio decorativo sull'antica porta di accesso riferibile ai secolo VIII-IX.

Anche i monasteri benedettini esistenti nel Valdarno ebbero una grande importanza, come Santa Maria di Rosano, fondata dai Conti Guidi nel 780, la quale conserva all'interno della chiesa abbaziale il più antico Crocifisso dipinto su tavola della Toscana, dovuto al cosiddetto "Maestro di Rosano". Le abbazie di Vallombrosa e Montescalari erano caratterizzate a loro volta dalla massima austerità, con chiesa a croce latina ad unica navata terminante con un'abside e transetto sporgente. L'apparato decorativo era solitamente ridotto al minimo: come nell'Abbazia di San Salvatore a Soffena, simile a quelle citate ma priva di abside.

Va ricordato che questo rigoglioso fiorire di prestigiosi e capillarmente diffusi edifici sacri, oltre all'opera dei monaci, fu reso possibile grazie alla presenza di importanti famiglie fiorentine magnatizie come i Guidi, gli Umbertini, i Firidolfi-Ricasoli e i Pazzi, che avendo grandi possedimenti sul territorio concorrevano con generoso mecenatismo alla costruzione delle chiese e alla dotazione di opere preziose per abbellirne gli altari.

Don Alessandro Righi

Interno di San Pietro a Cascia

# Pianta *del* museo

### Piano terra

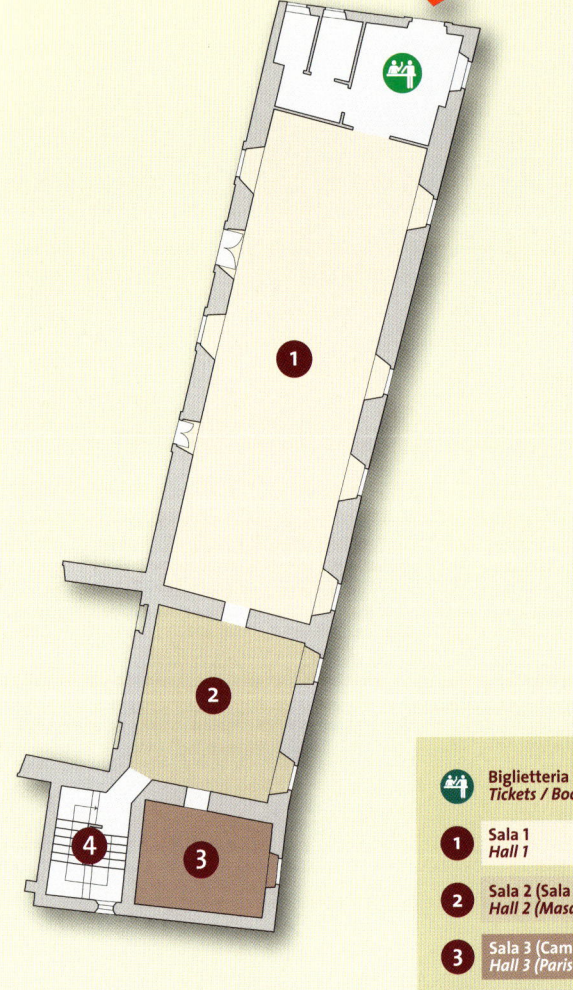

**Biglietteria / Bookshop**
*Tickets / Bookshop*

1. Sala 1
   *Hall 1*
2. Sala 2 (Sala di Masaccio)
   *Hall 2 (Masaccio Room)*
3. Sala 3 (Camera del Pievano)
   *Hall 3 (Parish Priest's Chamber)*
4. Scala di accesso al primo piano
   *Stairway to the First Floor*

# Visita al museo

*Caterina Caneva*

## Piano terra

Al Museo Masaccio si accede dalla zona absidale della pieve, un punto di vista particolarmente suggestivo che merita una sosta per ammirarne i volumi scarni, nitidi e articolati nei quali l'interno sembra espandersi in una curva plastica. L'edificio che ospita su due piani il museo è perpendicolare alla chiesa e chiude con la sua struttura di belle proporzioni il cortile interno, spazio sereno e armonioso dominato dalla grande torre-campanile, che ospita spesso nelle serate estive piccole conferenze, concerti o spettacoli teatrali qualificati, frequentati non solo dalla gente del luogo.

## Biglietteria e bookshop

La prima piccola stanza cui si accede oltrepassando la soglia è destinata ad uso di biglietteria e bookshop. È possibile trovare, oltre a souvenir di vario genere, anche molti libri su Masaccio e in particolare tutto quello che è stato pubblicato sul *Trittico di San Giovenale*: atti di convegni, opuscoli e in particolare il volume che contiene gli ultimi studi a conferma definitiva della paternità dell'opera a Masaccio.

## 1 - Sala 1

L'accesso alla grande sala non è diretto: è stata infatti creata una specie di vestibolo con una parete che ripropone il logo del museo (il particolare del *Trittico* di Masaccio col libro di san Giovenale e l'autografo dell'artista) e la scritta «Museo Masaccio d'Arte Sacra» tracciata nelle lettere capitali usate appunto nel dipinto. La sala vera e propria è caratterizzata dagli alti pannelli su cui sono stati posizionati i grandi dipinti un tempo sugli altari della chiesa, ed è praticamente divisa in due sezioni da un tramezzo che ripropone stilizzata una struttura di altare, comprensivo di paliotto, su cui è esposto il dipinto più antico.

La visita alla sala, che comprende oltre ai dipinti oreficerie, legni intagliati e paramenti sacri esposti per settori, può iniziare dalla piccola vetrina nel vestibolo a sinistra e proseguire poi da destra in senso antiorario nella prima sezione per continuare poi, sempre in senso antiorario, nella seconda. Da segnalare alla fine del percorso la piccola collezione di oggetti e dipinti appartenenti a culture diverse: icone care al culto ortodosso e argenti afferenti alle cerimonie ebraiche. La raccolta, costituita dall'attuale pievano, don Ottavio Failli, può costituire un interessante momento di confronto con l'arte e gli strumenti legati alla liturgia e all'iconografia cattolica.

## Vetrina 1

1. MANIFATTURA TOSCANA
*Libro dei Capitoli*
secolo XVII
argento sbalzato, velluto rosso;
cm 26,5×21
pieve di San Pietro a Cascia
*(inv. 76)*
La custodia, costituita da una coperta di velluto rosso, contiene il libro dei *Capitoli della Compagnia del Santissimo Sacramento*. Sulla coperta è inserito un medaglione ovale all'interno del quale è inciso il calice eucaristico, mentre agli angoli sono applicate delle elaborate decorazioni a stampo in argento con motivo di palmette e foglie d'acanto.

1

2. MANIFATTURA FIORENTINA
*Calice*
prima metà del secolo XVII
argento sbalzato e cesellato;
cm 25×11,5
chiesa di San Giovenale a Cascia
*(inv. 33)*

## Parete a destra dell'ingresso

3. MASSIMO TOSI
*Cascia e il territorio di Reggello*
2002
riproduzione su supporto rigido di un originale acquarellato
L'acquerello originale è stato realizzato dall'architetto Tosi in occasione dell'inaugurazione del museo e contiene raffigurazioni esatte dei monumenti principali del territorio e delle chiese da cui sono pervenuti al museo molti oggetti e paramenti preziosi.

4. SCUOLA FIORENTINA
*Annunciazione*
fine secolo XVII-inizi secolo XVIII
olio su tela; cm 88 (diam.)
pieve di San Pietro a Cascia
*(inv. 11)*
Conservato un tempo nella canonica, il piccolo tondo può considerarsi un pregevole esempio di buona pittura fiorentina a cavallo dei due secoli, sulla linea di Camillo Sagrestani o Matteo Bonechi, autori di gran-

4

di imprese decorative nelle chiese e nei palazzi di Firenze.

*Vetrina 2*

5. MANIFATTURA TOSCANA (?)
*San Nicola di Bari*
secolo XVIII
legno intagliato e dipinto
(il corpo, la base e il pastorale);
seta e cotone (gli abiti); cm 53 (alt.)
chiesa di San Niccolò a Forlì
iscrizione sulla base: S. NICOLAVS
(inv. 23)

La statuetta presenta san Nicola nella sua veste di vescovo con il pastorale proteso in avanti nella sinistra e nella destra tre sfere d'oro che si riferiscono alla leggenda secondo cui il santo donò, come dote, tre borse d'oro a tre fanciulle povere. Puntuale risulta la caratterizzazione del volto: la barba scura conferisce all'espressione del santo una certa autorevolezza, ma lo sguardo dolce tradisce la sua profonda umanità. Pregevole risulta la qualità dei tessuti del suo abbigliamento, in particolare del piviale, di manifattura francese dell'ultimo quarto del secolo XVIII. Si tratta di *pekin* broccato a fondo avorio con piccoli motivi vegetali; rametti di fiori a scacchiera sottolineano l'andamento verticale del tessuto.

6. MANIFATTURA TOSCANA (?)
*Sant'Antonio da Padova*
*col Bambino*
secoli XVII-XVIII
legno intagliato, dipinto e dorato;
cm 64×17×17
pieve di San Pietro a Cascia
*(inv. 22)*

Un reliquiario multiplo in legno dorato fa da piedistallo all'elegante statuetta di un giovane sant'Antonio dall'abito francescano morbidamente panneggiato. Egli sostiene con la sinistra il Bambino che tiene in ma-

no il globo terrestre. Le sue delicate fattezze richiamano la grazia del volto del santo, mentre il gesto volitivo del braccio teso in avanti conferisce alla sua figura infantile una nota di forza. L'opera risente visibilmente di influssi della scultura nordica.

7. MANIFATTURA TOSCANA
*Cristo Redentore*
secolo XVIII
legno intagliato e dipinto;
cm 42×13×11
chiesa di San Donato in Fronzano
*(inv. 24)*

8. MANIFATTURA TOSCANA
*Sant'Antonio da Padova col Bambino*
secoli XVIII-XIX
legno intagliato e dipinto;
cm 30×11,5
pieve di San Pietro a Cascia
*(inv. 25)*

## Vetrina 3

9. MANIFATTURA TOSCANA
*Pace*
secolo XIX
bronzo a fusione e argentato;
cm 16×11,5
oratorio di San Martino
a Pontifogno
*(inv. 64)*

10. MANIFATTURA TOSCANA
*Secchiello per acqua benedetta*
secolo XVII
ottone a fusione dorato; cm 15×11
chiesa di San Giovenale a Cascia
*(inv. 34)*

11. MANIFATTURA TOSCANA
*Brocca*
secolo XVIII
ottone cesellato e argentato;
cm 30×16
pieve di San Pietro a Cascia
*(inv. 45)*
La brocca, pur di tipologia comune, risulta nel suo insieme elegante per l'armonia delle proporzioni. Il manico decorato con sobrietà presenta un'ansa che ben si raccorda con la bocca trilobata.

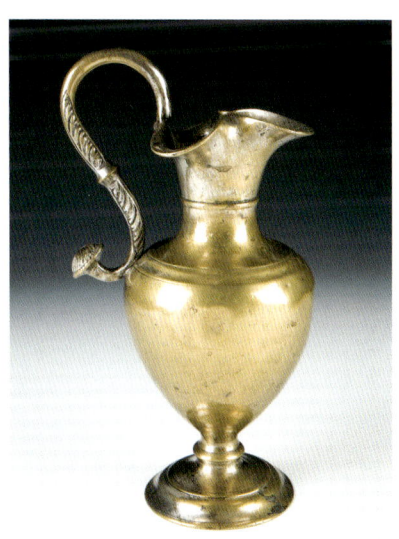

11

12. MANIFATTURA TOSCANA
*Palmatoria*
secolo XIX
argento; cm 33×11
pieve di San Pietro a Cascia
*(inv. 69)*

13. MANIFATTURA TOSCANA
*Due reliquiari a urna*
ultimo quarto del secolo XVII
legno intagliato, dorato e dipinto;
vetro; cm 31×21×16
chiesa di San Tommaso a Ostina
*(inv. 83)*

13

14. MANIFATTURA TOSCANA
*Croce astile*
seconda metà del secolo XV
rame inciso e bulinato (croce),
bronzo a fusione (Cristo);

14a

cm 50×30
chiesa di Santa Maria a Sant'Ellero
*(inv. 30 a-b)*
Si tratta di un bell'esempio di croce tardo-gotica di tipologia analoga ad altri esemplari in rame conservati nelle chiese della campagna toscana. Sul *recto,* nei terminali quadrilobati dei bracci, vediamo incisi in alto il Pellicano, simbolo dell'Eucarestia; a sinistra la Vergine; a destra san Giovanni Evangelista e in basso il Monte Calvario. Sul *verso,* nelle terminazioni, sono raffigurati gli Evangelisti e al centro l'Agnus Dei. La superficie della croce è decorata interamente su entrambi i lati da una zigrinatura e da altre incisioni con motivi naturalistici.

14b  
16

15. MANIFATTURA TOSCANA
*Aspersorio*
secolo XVIII
argento; cm 24×7
pieve di San Pietro a Cascia
*(inv. 46)*

16. MANIFATTURA TOSCANA
*Turibolo*
secolo XIV
ottone traforato;
cm 23×8
pieve di San Pietro a Cascia
*(inv. 26)*
Questo esemplare di turibolo "architettonico", caratterizzato nella parte superiore da una forma geometrica che ricorda una cupola, si presenta con una struttura a semplici trafori rettangolari e circolari tipica di questo arredo liturgico durante tutto il secolo XIV. Anche la parte inferiore del turibolo mostra una certa ricercatezza nell'elegante sagomatura del piede e della coppa.

17. MANIFATTURA ITALIANA
*Navicella*
secoli XIV-XV
ottone a fusione, stampato, inciso e dorato; cm 11×8×4
pieve di San Pietro a Cascia
punzoni: non decifrabili
incisioni: IHS e due putti con serpenti
*(inv. 28)*

SALA I

Si tratta di un importante esemplare tra i più antichi del genere caratterizzato da marcata semplicità e linearità dello stile di cui possiamo trovare altri esempi nei musei d'arte sacra del territorio toscano come in quello di Greve in Chianti.

18. MANIFATTURA TOSCANA
*Navicella*
1813
argento sbalzato e inciso;
cm 10×12×10
pieve di San Pietro a Cascia
iscrizione: MDCCCXIII e F.F.C.O.G.B.I.
(*inv. 65*)

19. MANIFATTURA TOSCANA
*Navicella*
seconda metà del secolo XVIII
argento sbalzato; cm 18×9
chiesa di Sant'Agata in Arfoli
punzoni: sul bordo: leone rampante, una C e una R, due C contrapposte
(*inv. 55*)

20. MANIFATTURA GENOVESE
*Calice*
1706
argento; cm 21,5×11,5
pieve di San Pietro a Cascia
iscrizione: 706
(*inv. 47*)

21. MANIFATTURA TOSCANA
*Calice*
1598
argento sbalzato; cm 21,5×11,5
oratorio di San Martino
a Pontifogno
(*inv. 32*)

Il calice risulta elegante per la semplicità del decoro a incisioni circolari lungo il piede e i nodi. Fu donato all'oratorio dalla famiglia Aldobrandini, patrona della chiesa, come testimonia l'iscrizione sotto il piede: S. CATERINA ANGIOLA ALDOBRANDINI MDIIC.

22. MANIFATTURA TOSCANA
*Calice*
secolo XIX
argento stampato; cm 23×11
pieve di San Pietro a Cascia
*(inv. 70)*

23. MANIFATTURA LOMBARDA
*Busto reliquiario di san Carlo Borromeo*
argento sbalzato e cesellato (busto), legno intagliato e dorato (base); cm 35×11×6

pieve di San Pietro a Cascia
*(inv. 66)*

Il busto di san Carlo Borromeo, il cui impegno di rinnovatore della fede e dei costumi si profuse nel XVI secolo in ambito lombardo, si rivela proveniente da quell'area geografica di produzione. Si erge su un reliquiario ligneo rifinito con foglie d'acanto e rosette intagliate. A documentare il suo ruolo vescovile il Santo indossa un ricco piviale ornato a motivi vegetali, floreali e spighe di grano. La mitra è profilata da punzonature che simulano pietre preziose. È *pendant* del n. 25.

24. MANIFATTURA FIORENTINA
*Ostensorio*
secolo XIX
argento sbalzato, cesellato, inciso, parzialmente dorato; cm 72×33
pieve di San Pietro a Cascia
punzoni: retro della mostra:
due di forma romboidale, il Gallo
*(inv. 68)*

25. MANIFATTURA LOMBARDA
*Busto reliquiario di sant'Ambrogio*
argento sbalzato e cesellato (busto), legno intagliato e dorato (base); cm 35×11×6
pieve di San Pietro a Cascia
*(inv. 67)*
Segno di devozione ad un altro dei maggiori esponenti della Diocesi milanese è il busto di sant'Ambrogio che vi operò nel IV secolo con grande profitto per la nascente comunità cristiana. Proveniente da area lombarda, il reliquiario si presenta con caratteristiche analoghe a quelle del suo *pendant* n. 23

26. MANIFATTURA TOSCANA
*Secchiello per acqua benedetta*
secolo XIV
ottone a fusione; cm 12×11
oratorio di San Martino a Pontifogno
*(inv. 27)*
La rarità di questi arredi, di forma caratteristica negli esemplari più antichi del genere, rende questo secchiello uno dei pezzi più interessanti nelle raccolte del museo.

25

26

27. MANIFATTURA TOSCANA
*Turibolo*
seconda metà del secolo XVIII
argento sbalzato;
cm 18×9
chiesa di Sant'Agata in Arfoli
punzoni: leone rampante,
una C e una R, due C contrapposte
*(inv. 56)*
Il turibolo è pervenuto al museo insieme alla navicella n. 19. Esso presenta un piede circolare liscio, braciere decorato da volute e coperchio riccamente traforato con decorazioni a foglia d'acanto e di «C» contrapposte. Per tipologia e decorazioni ben s'inserisce nella produzione più elegante del secolo XVIII.

28. MANIFATTURA TOSCANA
*Candelieri*
secolo XVII
ottone a fusione; cm 16×8
chiesa dei Santi Giusto e Lucia
a Rota
*(inv. 35)*

29. MANIFATTURA TOSCANA
*Candelieri*
secolo XVII
ottone a fusione; cm 14×8
oratorio di Sant'Andrea
a Pontifogno
*(inv. 36)*

30. MANIFATTURA TOSCANA (?)
*Piatto per elemosine*
fine del secolo XV
ottone sbalzato e inciso;
cm 39 (diam.)
pieve di San Pietro a Cascia
*(inv. 31)*

27

30

SALA I

L'ampio bacile presenta al centro una decorazione con baccellature sottolineata da un'iscrizione circolare in gotico tedesco lungo la parte concava del piatto. Il manufatto ripropone un modello tradizionale e assai diffuso come testimoniano altri esemplari nel Museo della Collegiata di Figline Valdarno e, come quelli, può rimandare a una manifattura tedesca piuttosto che toscana.

31. MANIFATTURA TOSCANA
*Reliquiari multipli a ostensorio*
prima metà del secolo XIX
legno intagliato e dorato; cm 36×15×10
pieve di San Pietro a Cascia
*(inv. 92)*

32. MANIFATTURA FIORENTINA
*Croce d'altare*
1625
ottone a fusione, sbalzato
e cesellato; cm 72×12
chiesa di Santa Margherita a Cancelli
iscrizione: 1625 FATTA DALLA
CAPPELLA DELLA CONCETIONE
*(inv. 37)*

## Vetrina 4

33. MANIFATTURA TOSCANA
*Calice*
secolo XVIII
argento sbalzato e inciso; cm 22×11
chiesa dei Santi Giusto e Lucia a Rota
*(inv. 49)*

34. MANIFATTURA TOSCANA
*Calice*
secolo XVII
argento sbalzato e inciso;
cm 24×11
chiesa di San Tommaso a Ostina
*(inv. 38)*

35. MANIFATTURA TOSCANA
*Pisside da viatico*
secolo XIX
argento e metallo sbalzato e inciso;
cm 1×3, 1×4, 8×5
chiesa di San Giovenale a Cascia
*(inv. 71)*
La pisside qui esposta risulta assai elegante per la linearità della forma ovale bombata, esaltata dalle sue dimensioni ridotte, visto l'uso cui era destinata: portare l'Eucarestia a malati e moribondi. È affiancato da due piccole teche per oli santi.

36. MANIFATTURA TOSCANA
*Calice*
secolo XX
argento a fusione; cm 24,5×12,8
pieve di San Pietro a Cascia
punzoni: illeggibile, 800
*(inv. 75)*
La presenza del punzone 800, utilizzata a partire dal 1872 fino al 1935, fa datare con sicurezza il manufatto tra la fine dell'Ottocento e l'inizio del Novecento. L'oggetto risulta estremamente raffinato grazie alla qualità dei moduli decorativi impiegati e alla finezza con cui sono stati realizzati. Con buone probabilità l'artefice di questo calice fu l'artigiano fiorentino Manuberti che aveva la bottega in via de' Pucci a Firenze.

37. MANIFATTURA TOSCANA
*Candeliere*
secolo XVII
ottone a fusione; cm 16×11
oratorio di San Martino a Pontifogno
*(inv. 39)*

37

36

38. MANIFATTURA TOSCANA (?)
*Reliquiario a croce*
secoli XVIII-XIX
legno, rame dorato, argento, cristallo di rocca e pietre colorate semipreziose; cm 50×22×13
chiesa di Santo Stefano a Cetina
*(inv. 59)*
La particolarità del reliquiario è data dall'impiego di materiali diversi e pietre colorate che creano piacevoli accostamenti cromatici oltre ad uno straordinario effetto di preziosità.

SALA I

51

L'oggetto è composto da un piedistallo in legno al centro del quale è inserito un medaglione con le reliquie; su questo s'innesta la croce sulla quale, all'interno di piccole teche ovali, sono conservati altri frammenti di reliquie. L'insieme risulta armonico nonostante i rimaneggiamenti attuati in epoche diverse.

38

39. MANIFATTURA TOSCANA
*Reliquiario a ostensorio*
secolo XVIII
legno intagliato e dorato;
cm 40×14×10
chiesa di Sant' Agata in Arfoli
*(inv. 85)*

40. MANIFATTURA TOSCANA
*Croce*
secolo XVIII
ottone; cm 72×13
chiesa di San Tommaso a Ostina
*(inv. 48)*

41. MANIFATTURA TOSCANA
*Reliquiario a ostensorio*
fine secolo XVIII
legno intagliato e dorato;
cm 50×25×11
pieve di San Pietro a Cascia
*(inv. 90)*

42. MANIFATTURA TOSCANA
*Reliquiario multiplo a ostensorio*
fine del secolo XVIII
lamina d'argento sbalzata
su supporto ligneo; cm 49×21×15
chiesa di San Giovenale a Cascia
(eredità Matteoni)
iscrizione: SCRIPSIT ALOYSIUS SCRIPTORIS NOMEN ADORA
*(inv. 57)*

Il reliquiario in legno, rivestito in lamina d'argento sulla quale sono sbalzati motivi vegetali e nastriformi, ottiene nel suo insieme un effetto di preziosità. All'interno della teca, al centro della mostra, sono visibili le reliquie di san Filippo Neri e di san Jacopo Minore Apostolo.
Questa tipologia di arredo sacro è assai diffusa nelle chiese del contado fiorentino.

42

## Vetrina 5

43. MANIFATTURA TOSCANA
*Pisside*
fine secolo XVIII-inizio secolo XIX
argento inciso e parzialmente
dorato; cm 26×10
chiesa dei Santi Giusto e Lucia
a Rota
*(inv. 58)*

44. MANIFATTURA TOSCANA
*Teca eucaristica*
secolo XIX
argento inciso; cm 10×4
chiesa dei Santi Giusto e Lucia
a Rota
*(inv. 72)*

45. MANIFATTURA TOSCANA
*Calice*
fine del secolo XVII
argento sbalzato e inciso, rame
dorato; cm 23×12
chiesa di Santa Maria a Sant'Ellero
*(inv. 42)*

Questo calice è di particolare interesse per raffinatezza di esecuzione ed eleganza di decorazioni. Realizzato in una bottega orafa toscana, può essere datato verso la fine del Seicento per il tipico nodo a vaso e i motivi ornamentali del sottocoppa. In particolare sono rappresentati, oltre ai simboli della Passione, san Benedetto, sant'Antonio da Padova e for-

45

se san Giovanni Gualberto: particolare che rimanderebbe la proprietà originale dell'oggetto all'ordine dei Vallombrosani da cui dipendeva un tempo la chiesa di Sant'Ellero.

46. MANIFATTURA TOSCANA
*Turibolo*
fine del secolo XVII
ottone a fusione, traforato;
cm 22×8
pieve di San Pietro a Cascia
*(inv. 41)*
Il turibolo, realizzato in ottone, e tipico del periodo cui appartiene. È composto da una coppa inferiore priva di decorazioni e una parte superiore con motivi a traforo circolari e a stella.

47. MANIFATTURA FIORENTINA
*Calice*
1715-1745
argento sbalzato, cesellato, bulinato; cm 26×13
chiesa di Santa Margherita a Cancelli
punzone: un gallo
*(inv. 50)*
Sul calice è presente il punzone della Bottega all'insegna del Gallo che faceva capo all'argentiere Antonio Mazzi, documentato dal 1703 al 1747 (vedi n. 49). La decorazione è affidata ai simboli della Passione di Cristo (che connotano questo tipo di vasi come "Calici della Passione"), alternati ad aggettanti teste di cherubini che ornano il nodo e il sottocoppa. Questa tipologia verrà più volte ripresa durante il secolo XVIII, come dimostra anche il cospicuo numero di esemplari del genere conservati nel museo.

48. MANIFATTURA TOSCANA
*Pisside*
secolo XVII
argento sbalzato; cm 15×12
oratorio di San Martino a Pontifogno
*(inv. 40)*

49. MANIFATTURA FIORENTINA
*Reliquiario a ostensorio*
secondo quarto del secolo XVIII

46

lamina d'argento sbalzato
su supporto ligneo;
cm 43×20×12,5
pieve di San Pietro a Cascia
punzoni: leone, un gallo,
illegibile
*(inv. 54)*

50. MANIFATTURA TOSCANA
*Calice*
seconda metà del secolo XIX
argento sbalzato; cm 25×12,5
pieve di San Pietro a Cascia
punzoni: illeggibili
iscrizioni: P.P.BENI
*(inv. 74)*
La sigla ricorda che il calice fu donato alla chiesa dal Pievano Paolo Beni, di cui il museo conserva anche un bel ritratto (n. 138).

51. MANIFATTURA FIORENTINA
*Ostensorio raggiato*
metà del secolo XVIII
argento sbalzato, cesellato e pietre
semipreziose; cm 58×28
chiesa di Santa Margherita a Cancelli
punzoni: illeggibili
iscrizione: PESA. 2.5. 6.2.2.
*(inv. 51)*
Si tratta di uno dei più raffinati ostensori conservati all'interno del museo. La consueta tipologia della raggiera e del nembo di nuvole è impreziosita da pietre semipreziose inserite sul bordo della teca circolare.

51

Per tipologia e decorazioni può essere messo a confronto con altri esemplari presenti nel Museo di Incisa in Val d'Arno e in quello di Santa Verdiana a Castelfiorentino.

52. MANIFATTURA TOSCANA
*Ostensorio raggiato*
fine del secolo XVII
argento sbalzato, cesellato,
parzialmente dorato;
cm 48×25
chiesa di San Lorenzo a Rona
punzoni: leone passante, crocetta
*(inv. 44)*
Si tratta di un oggetto di fattura corrente, caratterizzato da linee eleganti e diffuso in molte chiese della campagna toscana. Per la raffinatezza del-

renze, il dipinto è firmato alla base del sedile della Vergine «BRONZINO»: un nome usato in riconoscimento del magistero di quel grande artista tanto da Alessandro Allori che da suo figlio Cristofano (1577-1621), entrambi esecutori di diverse repliche del soggetto. Poiché l'opera è citata a Cascia già nel 1587, l'autore non può esserne che Alessandro, allievo diretto di Agnolo Bronzino e grande rappresentante della scuola fiorentina di fine Cinquecento, caro ai Medici e qui, come altrove, particolarmente attento e raffinato nella resa di particolari domestici.

52

le decorazioni a spiga di grano e grappoli d'uva e la cura con cui sono state eseguite, l'ostensorio risulta di notevole livello. I due punzoni (il primo è una crocetta; il secondo è il leone passante in campo circolare) sono ricollegabili al marchio rilasciato dall'Arte della Seta a Firenze dal 1695 al 1761, per il titolo legale dell'argento.

53. «BRONZINO» (ALESSANDRO ALLORI, Firenze 1535-1607)
*Annunciazione*
ante 1587, firmato
olio su tela; cm 215×164
pieve di San Pietro a Cascia
(inv. 4)
Derivato dal veneratissimo affresco della Santissima Annunziata di Fi-

53, particolare

54. BOTTEGA DI DOMENICO
GHIRLANDAIO
*Madonna in trono col Bambino,
i santi Romolo, Pietro, Paolo,
Sebastiano e il committente Roberto
Folchi, vescovo di Fiesole*
fine secolo XV-inizi secolo XVI
tempera su tavola; cm 195×151,5
pieve di San Pietro a Cascia
*(inv. 2)*

La tavola reca in basso la scritta R.FLH.EPISCOPUS.FESULAN.IMPENSA.PROPRIA («Roberto Folchi vescovo di Fiesole, a sue spese»), consegnando ai posteri il nome del committente fiorentino, vescovo dal 1481 al 1504, che ha lasciato nella pieve altre tracce del suo passaggio. Visto l'aspetto sofferente con cui è stato ritratto, è verso la fine del suo episcopato (conclusosi per malattia) che si può collocare l'esecuzione dell'opera, destinata probabilmente in origine all'altar maggiore vista la presenza a destra della Vergine di San Pietro, eponimo della pieve. L'esecuzione è indicata dalle fonti più antiche come «opera o maniera del Ghirlandaio», e vista la discontinuità di qualità che vi si riscontra è probabile che si tratti di opera davvero di bottega in cui a un pittore di miglior sapienza tecnica (vedi la testa di san Pietro) si associano apporti di scuola che, utilizzando anche un cartone per il gruppo centrale, volgarizzano, rendendolo idoneo ad una sede periferica, il linguaggio raffinato del Maestro.

54, particolare

54, particolare

SALA I

55. MANIFATTURA UMBRA
*Paliotto*
secolo XIX?
tessuto di base di lino, ricamo in sete policrome a punto ungaro;
cm 93×180
chiesa di San Donato in Fronzano
*(inv. 165)*

Raro rivestimento d'altare a punto ungaro che utilizza sapientemente modelli del Sei e Settecento realizzati in commesso di pietre dure o scagliola, con raffinato gusto coloristico e perizia tecnica.

56. SANTI DI TITO E BOTTEGA
(Sansepolcro 1536-Firenze 1603)
*Compianto su Cristo morto*
firmato e datato 1601
olio su tela; cm 212×135
pieve di San Pietro a Cascia
*(inv. 5)*

Si tratta di un'opera tarda del grande protagonista della scuola fiorentina che per primo, dopo la grande sfarzosa stagione del manierismo di corte, ricondusse la pittura a un linguaggio di più piana comprensione e semplicità narrativa dietro ai dettami del concilio di Trento. La tela utilizza colori che accentuano la drammaticità dell'evento, mentre rivela nei tratti degli astanti (specie nei santi laterali, Matteo, Francesco, Caterina e Domenico di Guzman) uno spiccato naturalismo che addolcisce le fisionomie e rende più credibile la partecipazione al Compianto. Condotto a termine con il probabile aiuto del figlio Tiberio o di altri allievi, presenti in gran numero nella ben organizzata bottega di Santi, il dipinto ha subito nel tempo diversi interventi di restauro.

55

# La simbologia della melagrana e del tronco rifiorente nei parati del museo

Rispetto alla pluralità di soluzioni che caratterizza i tessuti serici del Trecento, la produzione tessile del Rinascimento si presenta molto più omogenea e unitaria nel suo complesso, elaborando sostanzialmente due sole tipologie ornamentali, la melagrana e il tronco rifiorente, proposte, secondo il famoso trattato quattrocentesco dell'Arte della Seta in Firenze, in modo simmetrico, se il telaio è impostato per opere «in uno cammino», o asimmetrico, se il telaio è programmato invece per opere «in una griccia». Nel primo caso il disegno si compone di un frutto semplificato – una melagrana o una pigna coronata da un gruppo di fiori – che si ripete a scacchiera per tutta l'altezza della pezza, spesso incorniciato da una griglia arborea, come documenta la tipologia convenzionalmente definita "a maglie ogivali con due tipi di fiore di cardo" del parato Medici-Concini, presentato al primo piano del museo (cat. n. 118); nel secondo caso – che trova riferimento nella pianeta più antica fra quelle esposte (cat. n. 57) – il motivo dell'ornato si struttura invece in un tronco sinuoso dal quale sboccia, alternata, un'infiorescenza inscritta in larghe foglie lobate. Tale modulo decorativo, risultato di una lenta elaborazione che discende dal fior di loto e dai sottili tralci delle sete cinesi, risulta particolarmente adatto alla tecnica del velluto che, in virtù di specifiche connotazioni estetiche, enfatizza più di altri tessuti gli effetti plastici e luminosi del disegno. Arricchito da trame broccate in filo d'oro, spesso rilevate in sofisticati effetti bouclé, diventa il tessuto più lussuoso del periodo, non solo per la preziosità dei materiali e per le sostanze tintorie impiegate, ma anche per i lunghissimi tempi di esecuzione, risultando, il velluto e il broccato, due lavorazioni contrastanti eseguite la prima dal dritto e la seconda dal rovescio del tessuto. Con queste stoffe, che adottano di preferenza una formula di grandi di-

*mensioni e di forte impatto decorativo, venivano confezionati indistintamente, almeno fino alla fine del Cinquecento, abiti profani da indossare in segno di potenza e d'importanza sociale per il loro alto costo, ma anche vesti e apparati liturgici per la forte connotazione simbolica dei soggetti rappresentati: se negli abiti e nelle acconciature di spose il tema della melagrana è prescelto in prevalenza per il messaggio augurale di fecondità, i richiami sottesi di questo motivo risultano invece innumerevoli nella mistica cristiana, alludendo i suoi semi alle perfezioni divine, a cui si aggiunge la rotondità del frutto, espressione di eternità, e la soavità del succo, godimento dell'anima che ama e conosce. In contesto più ampio i Padri della Chiesa hanno visto nella melagrana il simbolo della Chiesa stessa, unita in una sola fede come i semi sotto la scorza. All'apice della melagrana si apre, poi, un ventaglio di tre fiori, come la Trinità, o più spesso di cinque, in riferimento alle piaghe inferte sul corpo di Cristo.*

*L'albero rifiorente, simbolo antichissimo dell'eterna rinascita, è poi l'altro tema dominante nella produzione dei tessuti rinascimentali: documentato dalla pianeta più preziosa del museo (cat. n. 57), il suo tronco spezzato, che si snoda serpeggiando in verticale alludendo alla croce di Cristo, albero della morte, diventa il* Lignum Vitae *per la presenza della linfa vitale, il sangue divino, alimento vivificante di foglie, fiori e frutti che ricorrono come elementi ripetitivi in tutto il complesso disegno.*

*La lettura simbolica di entrambe le tipologie si estende anche all'accostamento cromatico fra opera e fondo, in genere rosso e giallo, che richiamano, il primo, il colore dell'amore divino e del sangue della passione di Cristo e dei martiri, il secondo quello della sapienza di Dio, della Rivelazione, dell'Eternità.*

*Nell'affascinante gioco delle "verità" codificate, non sorprende dunque trovare gli alti prelati rivestiti con questi preziosissimi velluti e tanto meno le figure di Madonne o di santi, che li indossano alludendo al destino di Cristo o traducendo semplicemente i contenuti della fede.*

Lorenzo Pesci

*Vetrina 1. Parati*

*La presentazione dei paramenti procede in senso antiorario*

57. MANIFATTURA FIORENTINA
*Pianeta*
secoli XV-XVI
velluto tagliato operato a un corpo a una trama lanciata bouclé
in seta e filo d'oro
(laterali della pianeta)
fine del XV-inizi del XVI secolo
lampasso lanciato (croce e colonna)
prima metà del XVI secolo; cm 123×71
chiesa di Sant'Agata in Arfoli
*(inv. 109)*

57

Modulo decorativo costituito da un lungo tronco ondulante attraversato da un torciglione che culmina in un'ampia foglia lobata contornata da foglie d'acanto e pere, contenente una pigna circondata da palmette. A questo s'intreccia un secondo tronco ondulato con motivo a scaglie, che porta all'estremità un frutto di melagrana, al centro di una foglia lobata contornata da foglie d'acanto e narcisi. La fortuna di questa tipologia di velluto è attestata da numerose opere di pittura e scultura coeve tra le quali spicca la tomba Cossa, eseguita da Donatello e Michelozzo nel Battistero di Firenze tra il 1425 e il 1428. Croce e colonna in lampasso lanciato presentano la Vergine Assunta alternata ad una testa di serafino con ali, che rientra nella produzione fiorentina dei bordi figurati con soggetti religiosi, spesso ispirati a cartoni preparatori di grandi artisti del momento.

58. MANIFATTURA TOSCANA
*Camice*
inizi del XX secolo
tela di lino con balza ricamata
cm 140×204
dono di un privato
*(fuori catalogo)*

59. MANIFATTURA ITALIANA
*Stola*
fine del XVIII-inizi del XIX secolo

gros de Tours ricamato in seta policroma e filo d'oro; cm 216×31
dono di un privato
(inv. 147)

60. MANIFATTURA LIONESE
*Pianeta, stola e busta*
1735-1740
lampasso *liséré* lanciato e broccato in seta e filo d'argento;
cm 119×72,5 (pianeta);
cm 236×19 (stola);
cm 26×26 (busta)
chiesa di San Giovenale a Cascia
(inv. 133)
Il tessuto, di estrema complessità esecutiva e di forte suggestione cromatica, propone registri sovrapposti di zolle vaganti, dalle quali si dipartono rigogliose infiorescenze di tulipani pappagallo che compongono un impaginato lussureggiante, riconducibile alla tipologia a "isolotti", ideata in Francia per l'abbigliamento intorno agli anni Trenta del Settecento. Si tratta di un esemplare di eccezionale livello estetico che testimonia l'orientamento naturalistico nel linguaggio tessile del tempo, non ancora completamente indipendente dai retaggi *bizarres*, cui rimandano infatti le definizioni in argento di alcune foglie e fiori e le innaturali zigrinature delle parti in ombra.

60

61. MANIFATTURA ITALIANA
*Pianeta e manipolo*
seconda metà del XVII secolo
taffetas ricamato in seta e filo d'oro;
cm 117×77 (pianeta);
cm 102×20 (manipolo)
chiesa di Sant'Andrea a Borgo a Cascia
(inv. 121)
Girali dorati con fiori si snodano sulla colonna e, specularmente, sulle fasce laterali, imprimendo all'ornamentazione, di chiara ascendenza barocca, un forte dinamismo, accresciuto dalla ricerca di effetti plastici ottenuti con leggere imbottiture in filati di lino e con un virtuoso impiego del punto raso. La committenza ec-

61
62

clesiastica è suggerita dai richiami simbolici alla trasfigurazione del sangue di Cristo, alla sua Crocifissione e alla Grazia Salvifica, notoriamente attribuiti nella letteratura sacra ai fiori della rosa, del garofano e del tulipano.

62. MANIFATTURA ITALIANA
*Pianeta e stola*
ultimo quarto del XVII secolo
gros de Tours *liséré* lanciato broccato in seta e filo d'oro;
cm 110×73 (pianeta); cm 232×31 (stola); dono di un privato
*(inv. 126)*
Sul fondo in seta rossa il disegno è costituito dall'alternanza su registri orizzontali di fiori più grandi, uguali ed orientati in modo contrapposto, e di fiori più piccoli, disposti negli interspazi: un tulipano e un garofano con sequenza triangolare ed orientamento orizzontale scambiato. I fiori, realizzati con broccature in filo d'oro, risaltano sul fondo del tessuto impreziosito dai bagliori della trama lanciata in oro lamellare e dall'effetto ottico di marezzatura ottenuto dalla trama *liséré* di colore rosa. Il capillare riscontro di tale tipologia decorativa in paramenti sacri di area veneta rende plausibile l'attribuzione di questo tessuto ad un opificio serico del centro lagunare.

**63. BOTTEGA DI ALESSANDRO ALLORI**
*Un miracolo di santa Brigida*
fine secolo XVI-inizi secolo XVII
olio su tavola; cm 29×44,5
pieve di San Pietro a Cascia
*(inv. 9)*

La tavoletta è in stretta relazione con la *Predica di San Giovanni Battista* di produzione analoga e con i due *Santi* di Zanobi Rosi (vedi nn. 64-65-66): con quelli era infatti stata oggetto di un assemblaggio che almeno dal 1688 li riuniva intorno al Crocifisso ligneo assai venerato nella pieve, in una struttura lignea oggi perduta e un tempo esposta sull'altare dedicato a san Giovanni Battista. I quattro dipinti hanno recuperato nel museo il loro valore specifico e individuale: qui in particolare, come in una tavoletta ex voto dal sapore naïf, viene raffigurata santa Brigida di Svezia che invoca il Crocifisso mentre all'esterno infuria un temporale (la santa era appunto protettrice dalle tempeste). Nell'edificio all'esterno è forse riconoscibile l'antico Oratorio di San Lorenzo alla Casellina, presente nel territorio di Reggello.

63, particolare

63

64. ZANOBI ROSI
(Firenze 1577-1621)
*Santa Brigida di Svezia*
databile 1626
olio su tela;
cm 92,5×44
pieve
di San Pietro
a Cascia
*(inv. 7)*

L'opera è *pendant* del *San Giovanni Battista*, siglato ZR e datato 1626 (n. 65) e faceva parte dell'assemblaggio di cui al n. 63. Il Rosi fu uno stretto collaboratore di Cristofano Allori, figlio di Alessandro: la sua personalità è ancora in fase di definizione ad opera di specialisti del Seicento fiorentino, e queste di Cascia, da poco restituite a piena godibilità, sono recenti pietre miliari restituite al suo catalogo, rivelando una qualità pittorica di rara te-

65

nuta e sapienza coloristica. La santa (Finstad, Upsala 1303-Roma 1373) è rappresentata di norma in abiti monacali o vedovili, con un cero acceso a ricordo delle mortificazioni che infliggeva a se stessa con la fiamma. Fu una delle personalità di spicco nella storia della cristianità poiché i suoi lunghi viaggi la misero in contatto con molti potenti contemporanei. Ha lasciato importanti scritti di contenuto mistico.

65. ZANOBI ROSI
(Firenze 1577-1621)
*San Giovanni Battista*
siglato ZR
e datato 1626
olio su tela;
cm 92,5×43,5
pieve di San Pietro a Cascia
*(inv. 6)*

66

La tela, di grande qualità, è *pendant* di quella dedicata a Santa Brigida di Svezia (vedi n. 64) e collegata in passato con le due tavolette ai nn. 63 e 66. La sigla ZR ha permesso di attribuire entrambe le figure di santi a Zanobi Rosi, collaboratore di Cristofano Allori, che qui si rileva colorista robusto e capace d'immettere nelle sue raffigurazioni un forte pathos drammatico, una tensione evidentissima. Lo sfondo nelle due tele è praticamente collegato in modo da legare le figure dei due santi, uniti anche dalla stretta relazione che entrambi ebbero con la Croce, in un dittico di alta valenza spirituale.

66. BOTTEGA DI ALESSANDRO ALLORI
*Predica di san Giovanni Battista*
fine secolo XVI-inizi secolo XVII
olio su tavola; cm 29×44,5
pieve di San Pietro a Cascia
*(inv. 8)*

La tavoletta in passato era collegata in un assemblaggio con i nn. 63-64-65. Come quella raffigurante santa Brigida di Svezia non sembra però coeva al santo corrispondente, dipinto da Zanobi Rosi, e risulta comunque appartenente a una cultura artistica anteriore rispetto alle due figure intere. Questa in particolare presenta qualche affinità con un analogo soggetto realizzato da Alessandro Allori, oggi conservato in Palazzo Pitti.

MUSEO MASACCIO D'ARTE SACRA A CASCIA DI REGGELLO

*Vetrina 2. Parati*

67. MANIFATTURA ITALIANA
*Pianeta e stola*
1740-1750
gros de Tours *liséré* in seta
a una trama lanciata variante;
cm 116,5×68 (pianeta);
cm 230×18 (stola)
chiesa di Sant' Agata
in Arfoli
*(inv. 138)*
Motivo creato da mazzi fioriti uscenti da cornucopie, intercalati da elementi di carattere architettonico posti a segnare i punti di flessione del tracciato sinuoso. L'attenzione per il dato archeologico e cinesizzante, cui allude l'arco orientale con fastigio a mezzelune, è un elemento che riconduce il decoro di questo tessuto, nato per l'abbigliamento femminile, al lessico del nuovo stile Rococò, teso a creare meraviglia attraverso lo sfoggio di raffinati esotismi combinati a motivi naturalistici, altra grande ispirazione del secolo.

68. MANIFATTURA FRANCESE
O ITALIANA
*Pianeta, stola e manipolo*
metà del XVIII secolo
gros de Tours *liséré*
broccato in seta
e lamina d'oro;
cm 117×72 (pianeta);
cm 238×19 (stola);
cm 92×19 (manipolo)
chiesa di Santa Margherita
a Cancelli
*(inv. 139)*
Il disegno del tessuto elabora una raffinatissima variante del motivo a "meandro", costituito da mazzi di composite e bocci raccordati da un motivo a torciglione che ne accentua lo sviluppo ondulante. Il motivo di controfondo alterna tono su tono varianti decorative (onde, pizzi, corolle) sulle quali stacca il brillante cromatismo del disegno in primo piano. La leggerezza quasi gra-

67

SALA I

68

69

fica dell'ornato, che lascia ampio margine al tessuto del fondo, riconduce a modelli ideati per l'abbigliamento femminile intorno alla metà del XVIII secolo, secondo soluzioni proposte tanto in Francia che in Italia.

69. MANIFATTURA LIONESE
*Pianeta, velo di calice, stola e manipolo*
primo quarto del XVIII secolo
lampasso *liséré* lanciato in seta;
cm 114×71 (pianeta);
cm 58,5×59,5 (velo);
cm 232×24 (stola);
cm 96×24,5 (manipolo)

chiesa di Santa Margherita a Cancelli
*(inv. 128)*
Motivo ad impostazione simmetrica e sviluppo verticale composto da trofei floreali con foglie dentellate di sapore esotico che si succedono in verticale racchiusi entro cornici ovoidali definite da nastri di pizzo. Il raffinatissimo tessuto, concepito per l'abbigliamento e l'arredo, presenta una categoria ornamentale definita a "dentelle" o a "pizzo", molto diffusa in ambito francese e veneziano tra la fine del XVII secolo e gli inizi di quello successivo, che trova la sua ispirazione nei costosissimi

e raffinati manufatti ad ago e a fuselli, stigmatizzati come prodotto esclusivo di moda dalla corte di Luigi XIV.

70. MANIFATTURA ITALIANA
*Pianeta, stola e velo di calice*
1715-1720
damasco classico broccato
à liage répris
in seta e argento;
cm 116×70 (pianeta);
cm 238×22 (stola);
cm 55×54,5 (velo)
chiesa di Santa Margherita
a Cancelli
*(inv. 130)*

Motivi fantastici in filo d'oro abbinati a varietà botaniche in delicate cromie si dispongono sul damasco di fondo seguendo direttrici parallele ondulanti. Tipologicamente il tessuto rielabora motivi tipici del decoro *bizarre* di derivazione giapponese, affermatosi in Francia e a Venezia fra Sei e Settecento e caratterizzato da forme assolutamente astratte; l'accentuazione, però, dell'elemento naturalistico su quello fantastico induce a ritenerlo esemplare tardo di questa produzione, stilisticamente vicino alle soluzioni "lussureggianti" degli anni Trenta del XVIII secolo.

71. MANIFATTURA TOSCANA
*Camice*
inizi del XX secolo
cotone con balza ricamata;
cm 146×212
dono di un privato
*(inv. 159)*

72. MANIFATTURA TOSCANA
*Leggio pieghevole*
secolo XIX
legno intagliato, laccato di bianco, dorato; cm 30×39×33
oratorio di San Martino
a Pontifogno
*(inv. 93)*
La particolare piacevolezza di questo piccolo leggio è dovuta alla ricca profusione di elementi decorativi e al lo-

70

72

tico formatosi a Firenze nell'ambito di Alessandro Allori (il cui ricordo è presente soprattutto nella tenuta smaltata del colore e in particolare nella testa del san Sebastiano), ma che partecipa anche del recupero dei grandi Maestri di inizio secolo, come in questo caso Andrea del Sarto. Evidenti sono infatti le derivazioni dalla *Pala di Vallombrosa* che Andrea aveva eseguito nel 1528 per il Romitorio delle Celle ma che è oggi conservata agli Uffizi.

ro accostamento cromatico: i ricadenti grappoli d'uva ben si connettono al grande fiore posto al centro nell'appariscente alternanza di bianco e oro.

73. AGNOLO GUIDOTTI
(Fiesole, seconda metà secolo XVI)
*Madonna in trono col Bambino
e i santi Michele arcangelo
e Sebastiano*
firmato e datato 1575
tavola; cm 193×151
pieve di San Pietro a Cascia
*(inv. 3)*
Il dipinto reca la scritta: AGNOLO GHUIDOTTI DA FIESOLE FACEVA MDLXXV, ma fino a questo momento niente sappiamo circa l'autore che non risulta in alcun'altra fonte o dizionario artistico. Possiamo però ipotizzare, sulla base di un esame stilistico, che si tratti di un pittore eclet-

73, particolare

## Vetrina di icone e oggetti ebraici

74. MANIFATTURA TEDESCA (?)
*Piatto da Pesach (Pasqua)*
secolo XIX
argento sbalzato, cesellato e bulinato; cm 30 (diam.)
acquisito dalla pieve di San Pietro a Cascia
*(inv. 181)*
Il piatto era destinato alla cena pasquale per contenere i cibi rituali che accompagnavano la lettura della *Haggadà*, testo sacro della religione ebraica.

75. MANIFATTURA RUSSA
*Coppia di bicchieri da Kiddush*
prima metà del secolo XIX e secolo XX
argento sbalzato bulinato;
cm 18,5×8,7 (chiusi);
6,5×8,7 (ciascun bicchiere)
acquisito dalla pieve di San Pietro a Cascia
punzoni: AM su 1859 in campo rettangolare; 84 accompagnato da san Giorgio in campo rettangolare; E S in campo quadrato
*(inv. 176)*
I bicchieri venivano utilizzati per la benedizione sul vino, *Kiddush,* con la quale si santificavano il Sabato e le feste ebraiche.

76. MANIFATTURA TEDESCA (?)
*Calice da Kiddush*
prima metà del secolo XIX e secolo XX
argento sbalzato, cesellato, inciso e bulinato, sottocoppa traforato;
cm 18,5×8,7
acquisito dalla pieve di San Pietro a Cascia
*(inv. 177)*

77. MANIFATTURA AUSTROUNGARICA E RUSSA
*Manina indicatrice (Jad)*
1840
argento sbalzato, doppio filo ritorto; cm 29,5 (lungh.)
acquisito dalla pieve di San Pietro a Cascia
punzoni: cerchio quadripartito con il numero 13, sormontato dalla lettera A e affiancato dai numeri 1840 in campo a forma di arco a tutto sesto; nella fascia d'argento superiore: FD O ED in campo rettangolare; nella parte interna del polso: 84 in campo quadrato; altro punzone illeggibile
*(inv. 178)*
La manina veniva usata per seguire senza errori la lettura della *Torah*, testo sacro della religione ebraica.

78. MANIFATTURA RUSSA
*Manina indicatrice*
1876
argento cesellato e legno intagliato;
cm 31
acquisito dalla pieve di San Pietro a Cascia

punzoni: 84 in campo rettangolare;
1876 in campo rettangolare
*(inv. 179)*

79. MANIFATTURA RUSSA
*Chanukkjà da viaggio (lampada)*
1867
argento sbalzato, cesellato e
bulinato; cm 4×4,5
acquisito dalla pieve di San Pietro
a Cascia
punzoni: GO (in caratteri cirillici)
in campo rettangolare;
uccellino in campo ovale;
IS su 1867 in campo quadrilobato;
stella in campo ottagonale
*(inv. 180)*
Questa lampada rituale, a forma di
bauletto, viene accesa in dicembre
durante la celebrazione della *Chanukkjà*. Dai punzoni si può risalire al
luogo e data di produzione: Russia,
1867.

80. MANIFATTURA DELL'EUROPA
CENTRO-ORIENTALE
*Anello matrimoniale*
secolo XIX
argento sbalzato e bulinato,
filigrana; cm 5,7 (diam.)
acquisito dalla pieve di San Pietro
a Cascia
*(inv. 184)*

80

Recente acquisizione della Pieve di
Cascia, è il tipico anello da cerimonia nuziale. Presenta una tipologia
assai diffusa a piccolo edificio che
vuole ricordare la distruzione del
Tempio di Gerusalemme.

81. MANIFATTURA OLANDESE
*Contenitore per profumi*
fine del secolo XIX
argento sbalzato, cesellato

79

SALA I

e bulinato; cm 28,5×9
acquisito dalla pieve di San Pietro
a Cascia
*(inv. 183)*
Questo manufatto di produzione
nordica risale con buone probabilità
alla fine del secolo XIX. Si tratta di un
singolare esemplare di contenitore
per erbe aromatiche o profumi per
la cerimonia che divide il giorno festivo, il Sabato, dagli altri giorni.

82. MANIFATTURA RUSSA (Mosca)
*Coltello da circoncisione*
seconda metà del secolo XIX
argento sbalzato, cesellato
e bulinato, filigrana applicata;
cm 4×4,5
acquisito dalla pieve di San Pietro
a Cascia
punzoni: 84 in campo quadrato;
San Giorgio in campo quadrato;
su un lato dell'impugnatura AE
(in caratteri cirillici)
*(inv. 182)*

83. MANIFATTURA RUSSA
*Candelieri da viaggio*
1898 o 1908
argento sbalzato, cesellato e bulinato;
cm 6,5×4,5; acquisiti dalla pieve
di San Pietro a Cascia
punzoni: MP (in caratteri cirillici)
in campo rettangolare, sui bordi
del piatto spandicera 8
*(inv. 185)*
Gli oggetti erano usati nei viaggi per
accendere le due luci tradizionali all'avvicinarsi del Sabato (*Shabbat*).

84. MANIFATTURA DELLA RUSSIA
CENTRALE
*I santi Antipa (?), Giovanni Battista
e Marone*
secolo XVIII
tavola, gesso, tempera ad uovo,
oro in foglia, crisografia,
lacche colorate; cm 32,5×27
acquisita dalla pieve di San Pietro
a Cascia
*(inv. 186)*

85. MANIFATTURA RUSSA
*Ascensione al cielo del profeta Elia su un carro di fuoco*
secolo XIX
tavola, carta, gesso, tempera a uovo, argento meccato; cm 49×39
acquisita dalla pieve di San Pietro a Cascia
*(inv. 188)*

L'icona riporta scene della vita del profeta Elia che vediamo rappresentato in grande al centro e in alto sul carro di fuoco. L'opera è di fattura corrente e il soggetto è più volte ripreso per la diffusa venerazione che si aveva di Elia nel mondo contadino: è uno degli esemplari più rappresentativi fra quelli conservati a Cascia.

85

86. MANIFATTURA DELLA RUSSIA CENTRALE
*Madre di Dio di Smolensk*
secolo XIX
tavola, gesso, tempera a uovo, argento meccato; cm 40×31,5
acquisita dalla pieve di San Pietro a Cascia
*(inv. 192)*

L'icona presenta la Madre di Dio con in braccio il Bambino, in posizione frontale. Con la mano destra Ella attira su di Lui l'attenzione di chi osserva (*Odighitrìa*). L'immagine si rifà, come molte altre, ad un prototipo del secolo XI molto venerato in Russia per i suoi poteri miracolosi.

87. MANIFATTURA RUSSA
*I santi Bonifacio, Giovanni Battista, Demetrio di Tessalonica, Maria Egiziaca e (in alto) il Battesimo di Cristo*
secolo XIX
tavola, gesso, tempera a uovo, oro in foglia; cm 33×27
acquisita dalla pieve di San Pietro a Cascia
(*inv. 191*)

88. MANIFATTURA RUSSA
*Calice*
secolo XX argento dorato, smalti policromi; cm 22×10
acquisito dalla pieve di San Pietro a Cascia
(*inv. 193*)

89. MANIFATTURA RUSSA
*Madre di Dio del Segno e santi eletti*
primo decennio del secolo XIX
tavola, gesso, tempera ad uovo, crisografia, rivestimento in argento; cm 6,5×17 (aperto); 6,5×6,2 (chiuso)
acquisito dalla pieve di San Pietro a Cascia
punzoni: sul bordo superiore della cornice 84 e PS; iniziali del saggiatore e anno della saggiatura poco leggibili; 180
(*inv. 187*)
Si tratta di un'immagine cara all'iconografia ortodossa, molto venerata in Russia per i suoi poteri taumaturgici.

## *Sulla parete*

90. MANIFATTURA DELLA RUSSIA SUD-OCCIDENTALE
*Icona quadripartita*
seconda metà del secolo XIX
tavola, gesso, tempera a uovo, oro in filigrana;
cm 53,5×44
acquisita dalla pieve di San Pietro a Cascia
(*inv. 189*)
L'icona rappresenta la Madre di Dio (in alto a sinistra); San Caralampo (in alto a destra); i santi Bonifacio, Antipa e Mosè l'Etiope da Scete (in basso a sinistra); i santi Quirico e Giulitta (in basso a destra).

91. MANIFATTURA DELLA RUSSIA SUD-OCCIDENTALE
*Protezione della Madre di Dio*
seconda metà del secolo XIX
tavola, gesso, tempera a uovo, argento meccato;
cm 52,5×47
acquisita dalla pieve di San Pietro a Cascia
(*inv. 190*)
L'icona rappresenta la visione che sant'Andrea "folle in Cristo" ebbe della Vergine durante l'assedio degli Arabi a Costantinopoli nel 910.

*Opera non sempre esposta*

92. JACOPO VIGNALI
(Pratovecchio 1592-Firenze 1664)
*Sant'Antonio da Padova
con il Bambino, i santi Domenico,
Giovanni Battista, Sebastiano
e cherubini*
firmato e datato 1655
olio su tela; cm 226×116
pieve di San Pietro a Cascia
*(inv. 10)*

Il grande dipinto, uscito dal pennello di uno dei protagonisti del Seicento fiorentino, non è sempre esposto all'interno del museo per mancanza di spazio, ma è stato qui incluso in quanto opera di notevole spessore artistico e spirituale che ha il suo momento più toccante nell'angelo in basso che intima il silenzio agli osservatori.

92, particolare

92, particolare

## 2 - Sala 2 (Sala di Masaccio)

Questa sala è interamente dedicata al *Trittico di San Giovenale* di Masaccio. Qui è stata di recente trasferita l'opera collocata fin dal 1988 all'interno della pieve di Cascia. La sala era stata attrezzata in occasione delle celebrazioni per il centenario della nascita dell'artista con pannelli didattici miranti a illustrare tutti i possibili aspetti del Trittico, dalla tecnica di costruzione della tavola al restauro seguito al riconoscimento dell'opera, agli studi sulla prospettiva, all'iconografia dei santi ecc. È stata anche inserita una postazione elettronica che consente l'accesso alle informazioni sulla vita, sulla produzione generale dell'artista, sull'ubicazione delle altre sue opere, e così via. La lettura dei pannelli comincia a destra dell'ingresso.

93. MASACCIO (San Giovanni Valdarno 1401-Roma 1428)
*Trittico di San Giovenale*
(*La Madonna in trono col Bambino, due angeli e i santi Bartolomeo e Biagio, Giovenale e Antonio abate*)
datato 1422, il 23 aprile
scritte: (Anno Do) MINI MCCCCXXII A DI VENTITRE D'AP(rile) (tavola centrale); (Ple)NA DOMINUS. TECUM. BENEDICTA (sul gradino del trono); tracce dei nomi dei santi (tavole laterali)
tempera su tavola;
cm 108×65 (scomparto centrale);
cm 88×44 (ciascuno dei due laterali)
chiesa di San Giovenale di Cascia
(*inv. 1*)

93, particolari

MUSEO MASACCIO D'ARTE SACRA A CASCIA DI REGGELLO

93

93, particolari

SALA 2

# Masaccio e il *Trittico di San Giovenale*

Quando Masaccio dipinse il Trittico destinato alla chiesa di San Giovenale di Cascia, sul quale appose la data 23 aprile 1422, aveva ventun'anni: era nato infatti nel 1401 a Castel San Giovanni in Altura (oggi San Giovanni Valdarno) da Giovanni di Mone Cassai notaio e da monna Jacopa di Barberino di Mugello. Dal 1417 sappiamo che si era affacciato all'orizzonte fiorentino e a Firenze nel 1422 sarebbe stato immatricolato fra i pittori nell'Arte dei medici e speziali. Di quei cinque anni e della sua formazione pittorica non abbiamo notizie certe: possiamo però ipotizzare con un certo margine di sicurezza l'apprendistato presso l'attivissima e tradizionale bottega di Bicci di Lorenzo e l'esecuzione di opere per il suo territorio di origine, ricordate genericamente dal Vasari. Non citato dalle fonti, il Trittico appartiene senz'altro a quella sua prima produzione, anzi ne è al momento attuale l'*incipit* assoluto.

Esso dimostra quanto avessero contato per la formazione del giovane artista, capace di elaborazioni originali e personalissime, le grandi novità formali che si erano venute sviluppando a Firenze grazie a Brunelleschi e a Donatello, il primo agli inizi della grande impresa della Cupola del Duomo, già autore il secondo del San Giorgio di Orsanmichele, opere entrambe destinate ad aprire una grande stagione artistica. Vasari riconosce che il magistero svolto dai due grandi sul giovane Masaccio fu assai più fondamentale di quello esercitato da Masolino da Panicale, un tempo indicato come maestro del Valdarnese ma oggi ridotto a ruolo di socio anziano, ancora fedele alle buone tradizioni tardo-gotiche che Masaccio avrebbe di lì a poco sovvertito.

Di questo debito contratto da Masaccio verso Filippo e Donatello, il Trittico è perfetta testimonianza, così come attesta il graduale staccarsi dell'ar-

SALA 2

tista dalle sponde sicure della tradizione per avventurarsi sull'eccitante mare del nuovo linguaggio artistico già nella scansione prospettica del pavimento, segnato dalle linee convergenti a unificare lo spazio dei tre scomparti. Questi dimostrano in effetti una gradualità nel rinnovamento formale che partendo dallo scomparto di sinistra, con i santi Bartolomeo e Biagio, più memori nel complesso di formule collaudate, si intensifica nella grande icona centrale e nel pannello di destra con i santi Giovenale e Antonio abate, con una progressiva conquista di vigore e corporeità. Di tutti i personaggi, al di là del tradizionale rispettosissimo fondo oro che li ambienta nella luce del Paradiso, colpisce il forte naturalismo che non intacca ma anzi esalta la loro statura morale: primi fra tutti la Vergine robusta e solida e il Bambino per la prima volta nudo, di irruente evidenza fisica come nelle sculture romane o nelle pale di Giotto. La prospettiva, oltre che nell'impressionante trono dallo schienale ricurvo, viene applicata nelle membra e negli scorci sottolineati dal chiaroscuro, come nelle mani bellissime della Madonna o nei profili dei due angeli-bambini inginocchiati ai lati.

Quanto ai santi, scelti a parte san Giovenale (eponimo della chiesa) per i loro legami di protettori del mondo contadino, sfoggiano anch'essi sguardi, profili, orecchi e oggetti simbolici costruiti con occhio attento alla realtà fisica, e in più con colori sempre più corposi: basti come esempio il libro tenuto aperto dalla mano che fa da leggio. In questo libro tra l'altro è stato riconosciuto di recente un autografo di Masaccio, del quale si conosce una denuncia dei redditi del 1427, e per questo il particolare è stato scelto a buon diritto come logo del museo.

*Paragoni calzanti con questo testo rivoluzionario, il primo della pittura rinascimentale, possono essere stabiliti con la Madonna nella* Sant'Anna Metterza *degli Uffizi, o con la Madonna dello smembrato* polittico di Pisa, *oggi conservato a Londra. Ma analisi recenti hanno confermato senza ombre di dubbio anche nel disegno sottostante, che apparenta tra l'altro il profilo di Giovenale con quello di un santo nel* Tributo *della cappella Brancacci, l'autografia di Masaccio che qui, nella sua acerba ma promettente sperimentazione, fornisce il suo apporto determinante alla formulazione di una visione nuova, di un nuovo codice di rappresentazione. Di questa novità è prova anche la scritta che per la prima volta in Europa viene composta in bellissime lettere capitali umanistiche. Né sono estranei al giovane artista i riferimenti dotti e biblici che emergono dai particolari: dall'uva che il Bambino porta alla bocca, al drappo che vela la sua nudità, agli anelli che la Vergine porta alle dita. O le lettere cufiche che secondo una tradizione ermetica e raffinata ornano le aureole e che inneggiano (in base a una recente interpretazione) al Salvatore.*

*Contrariamente a quanto ritenuto in passato, e cioè che l'opera fosse immediatamente trasferita da Firenze a San Giovenale per la festa del santo (il 3 di maggio), un'ipotesi più recente suggerisce che il dipinto sia stato trattenuto per qualche tempo in città dove avrebbe avuto modo di riverberare il fascino delle sue novità sui pittori contemporanei.*

*Anche la committenza resta per ora incerta, anche se appare assai probabile che possa essere riferita a una delle grandi famiglie fiorentine con vasti possedimenti nella zona di Cascia, come i Castellani o i Carnesecchi, che dovettero rivolgersi al giovane valdarnese trasferito a Firenze.*

*Per quanti volessero approfondire l'argomento segnaliamo che il volume contenente gli atti degli importanti convegni tenuti a Cascia, tra i quali risulta fondamentale quello del 2000* (Masaccio 1422. Il Trittico di San Giovenale e il suo tempo), *è a tutt'oggi lo studio più completo sull'opera.*

Caterina Caneva

# 3 - Sala 3 (Camera del Pievano)

La denominazione di questa sala, inaugurata solo nel 2003 a causa del protrarsi del restauro e caratterizzata da una ricca decorazione parietale del secolo XVIII, è dovuta forse all'utilizzo cui era destinata in passato. Prima del restauro era visibile solo la piccola *Veduta della pieve di Cascia* sulla parete a destra dell'ingresso ma nel corso dell'intervento di ripristino sono riemersi sotto l'intonaco pregevoli dipinti murali che interessano, oltre al soffitto, la parete destra e una piccola sezione di parete speculare alla veduta della pieve. In questa zona la decorazione, tipica del cosiddetto "illusionismo architettonico", vuole creare l'effetto di una loggia aperta che consente vedute diverse, di cui la principale comprende una figura femminile allegorica con simboli del potere, circondata da begli edifici classici. Il soffitto simula invece una balconata articolata che si apre sul cielo (in cui volano uccelli anche esotici) e contornata da piante, grandi stemmi con raffigurazioni allegoriche e ghirlande.

SALA 3

Lo stemma sopra la porta d'ingresso è quello della famiglia fiorentina Calderini che si era estinta nel 1601 lasciando però ai nobili indigenti, beneficiari a turno delle sue cospicue rendite, l'obbligo di utilizzare quello stemma. Cosa che verso la metà del Settecento toccò in sorte a un membro della famiglia Ginori, al quale forse si deve questa piacevole impresa decorativa.

L'esecuzione fu affidata con probabilità a un gruppo di specialisti di quel genere decorativo, allora assai in voga, facente capo a Giuseppe Del Moro, attivo in quel lasso di tempo anche per la vicina abbazia di Vallombrosa.

L'esposizione in questa sala, suscettibile in futuro di un ulteriore arricchimento, comprende nella vetrina di fianco all'ingresso eleganti oreficerie e arredi sacri mentre nella vetrina di fronte e nelle teche appese al di sopra troviamo esposta una serie interessante e curiosa di ex voto. Il complesso si è venuto a costituire nel corso dei secoli intorno al *Crocifisso* ritenuto miracoloso e alla *Madonna* cosiddetta *del Conforto* di San Givenale: gli ex voto comprendono cuori in argento, medaglie, piccoli monili, rosari, anelli ecc.

94. MANIFATTURA TOSCANA
*Coppia di teche contenenti ex voto*
secolo XIX
legno intagliato,
dipinto e parzialmente dorato;
cm 75×35
provenienze varie
*(inv. 100 a-b)*

*Vetrina di fronte all'ingresso*

95. MANIFATTURA TOSCANA
*Serie di quattro brevicini*
secolo XVIII
seta, metallo argentato e dorato;
cm 8×6 (bianco);
8×6 (verde);
6,5×6,5 (rosa);
8×8 (giallo)
pieve di San Pietro a Cascia
*(inv. 103)*
I brevicini venivano tradizionalmente donati ai neonati al momento del Battesimo.

96. MANIFATTURE DIVERSE
*Serie di cinque rosari*
secoli XVIII-XX
vetro e argento o metallo;
misure diverse
chiesa di San Giovenale
e pieve di San Pietro a Cascia
*(inv. 105)*

97. MANIFATTURA TOSCANA
*Cuore ex voto*
secolo XIX
lamina d'argento; cm 11×7
pieve di San Pietro a Cascia
*(inv. 106)*
La scritta riporta AL S.S.C.O. (crocifisso) DI CA(SCIA) *1886*. IL M(ARCHESE) RODOLFO MEDICI PER GUARIGIONE DI TIFO MICIDIALE.

98. INCISORE MARCHIGIANO
*Attestato ufficiale del 23 aprile 1770 nel quale si dichiara che il frammento di velo nero è rimasto a contatto con le reliquie della Vergine nella Santa Casa di Loreto*
seconda metà del secolo XVIII
carta ingiallita, frammento di velo nero applicato in alto con timbro a secco della Casa di Loreto; cm 25,5×19
dono di un privato
*(inv. 171)*

99. MANIFATTURA TOSCANA
*Serie di monili*
fine secolo XIX-inizio secolo XX
oro, metallo dorato, pietre
semipreziose; misure varie
pieve di San Pietro a Cascia
*(inv. 107 a-b-c)*

100. MANIFATTURA TOSCANA
*Conopeo di tabernacolo*
inizio secolo XIX
gros di seta, filo metallico,
paillettes, cotone; cm 64×41,5
pieve di San Pietro a Cascia
*(inv. 167)*

101. MANIFATTURA ROMANA
E TOSCANA
*Serie di tre medaglie*
secoli XVIII-XIX
argento; cm 4,5 (diam.); 4,3 (diam.);
4,2 (diam.)

chiesa di San Giovenale a Cascia
*(inv. 108 a-b-c)*

102. MANIFATTURA TOSCANA
*Due orecchini a pendente*
secoli XVII-XVIII
cristallo di rocca e argento; cm 3×2
pieve di San Pietro a Cascia
*(inv. 102)*
Fra i monili donati come ex voto
questi orecchini rappresentano l'e-
semplare più antico e pregevole.

102

101, *recto* e *verso* di una medaglia di Innocenzo XI, 1682

SALA 3

103. MANIFATTURE DIVERSE
*Serie di 12 anelli*
secoli XVIII-XX
metalli vari, corniola, agata, pasta
di vetro e pietre non preziose;
misure diverse
chiesa di San Giovenale
e pieve di San Pietro a Cascia
(inv. 104)

104. MANIFATTURA TOSCANA
*Tre palle da calice*
fine secolo XVIII-inizio secolo XIX
gros di seta, filo metallico,
sete policrome;
cm 14×14; cm 13×13; cm 12×12
villa i Mandri
(dono Anselmi Medici
Tornaquinci)
(inv. 166 a-b-c)

## Sulla parete

105. MANIFATTURA
TOSCANA
*Via Crucis*
secolo XVIII
14 acquaforti
tinteggiate a mano;
cornici in legno
intagliato;
cm 12,5×8
villa i Mandri
(dono Anselmi
Medici Tornaquinci)
(inv. 172)

## Vetrina a sinistra dell'ingresso

106. MANIFATTURA TOSCANA
*Palla da calice*
secolo XVIII
gros di seta, filo metallico
dorato e argentato; cm 15×15
pieve di San Pietro a Cascia
(inv. 168)

107. MANIFATTURA TOSCANA
*Due ampolline e vassoio*
secolo XVIII
vetro, argento;
cm 17×9,5; 16×21,5
villa i Mandri (dono Anselmi
Medici Tornaquinci)
(inv. 52)

Le ampolline risultano di estrema raffinatezza per le decorazioni a giorno che occupano gran parte della loro superficie e che sono tipiche del secolo XVIII. Molto probabilmente venivano impiegate in una cappella privata.

108. MANIFATTURA TOSCANA
*Palla da calice*
secolo XVIII
raso di seta, filo metallico, *paillettes*; cm 15×15
pieve di San Pietro a Cascia
(*inv. 169*)

109. MANIFATTURA TOSCANA
*Calice*
fine secolo XIV-inizio XV
rame e argento dorati e cesellati; cm 18×10
pieve di San Pietro a Cascia
(*inv. 29*)
Per foggia e caratteristiche il calice rimanda al gusto tardo-gotico che perdurerà anche nei primi decenni del Quattrocento. All'interno dei clipei presenti sul nodo, in origine arricchiti probabilmente da smalti colorati oggi perduti, sono riportati Cristo, la Vergine, san Giovanni e altre figure di santi. La stessa tecnica doveva essere stata impiegata per le leggere decorazioni riportate lungo il fusto. Il calice ha subito nel tempo molti restauri.

110. MANIFATTURA TOSCANA
*Croce*
secolo XVII
cristallo di rocca, argento; cm 5×4
pieve di San Pietro a Cascia
(*inv. 101*)
Tra gli ex voto presenti nel museo questa croce è uno dei più antichi e preziosi.

SALA 3

111.

111. MANIFATTURA TOSCANA
*Cuscinetto per uso liturgico*
fine secolo XVIII-inizio secolo XIX
gros di seta, filo metallico,
*paillettes*; cm 9×14
villa i Mandri (dono Anselmi
Medici Tornaquinci)
*(inv. 170)*
Il manufatto, confezionato in *gros* di seta bianca, è finemente ricamato in filo dorato metallico con l'applicazione di *paillettes* che ne aumentano la luminosità.

112. MANIFATTURA TOSCANA
*Calice e pisside da viatico*
secoli XVIII-XIX
ottone; cm 10×5, 9×4
villa i Mandri (dono Anselmi
Medici Tornaquinci)
*(inv. 60 a-b)*

113. MANIFATTURA TOSCANA
*Serie di due pissidi da viatico*
secoli XVIII-XIX
argento, metallo argentato;
cm 11×4; cm 12×6
villa i Mandri (dono Anselmi
Medici Tornaquinci)
*(inv. 61 a-b)*

114. MANIFATTURA TOSCANA
*Serie di due contenitori
per olio santo
e campanello d'altare*
secolo XVII
metalli vari; cm 3×3,5;
cm 5×4; cm 8×5,5
pieve di San Pietro a Cascia
e villa i Mandri
(dono Anselmi Medici
Tornaquinci)
*(inv. 43)*

## 4 - Scala di accesso al primo piano

Uscendo dalla "Camera del Pievano" si rientra nella Sala di Masaccio e di qui subito a sinistra troviamo la scala (con attrezzatura idonea per i disabili) che conduce al primo piano e alle Sale 4 e 5. Alle pareti sono state appese riproduzioni fotografiche che illustrano l'aspetto interno ed esterno della pieve di Cascia prima dei grandi lavori di restauro che alla metà degli anni Sessanta del secolo scorso hanno recuperato il suo austero aspetto romanico. Sull'ultimo pianerottolo sono esposti entro cornici due veli da calice con pregevoli ricami.

115. MANIFATTURA FIORENTINA
*Velo di calice*
seconda metà del XVII secolo
taffetas ricamato in filo d'oro
cm 68,5×68
pieve di San Pietro a Cascia
(inv. 122)

116. MANIFATTURA FIORENTINA
*Velo di calice*
seconda metà del XVII secolo
taffetas ricamato in seta, filo d'oro e d'argento
cm 62,5×60
pieve di San Pietro a Cascia
(inv. 123)

# Pianta *del* museo

### Primo piano

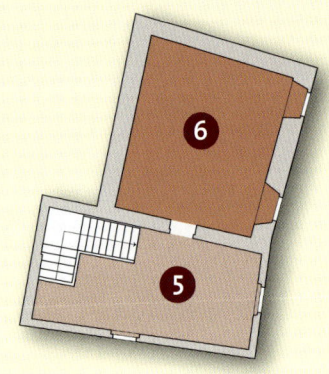

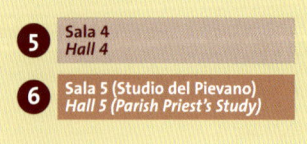

**5** Sala 4
*Hall 4*

**6** Sala 5 (Studio del Pievano)
*Hall 5 (Parish Priest's Study)*

## Primo piano
### 5 - Sala 4

La saletta comprende due vetrine di cui la destra dedicata a splendidi paramenti e ad arredi lignei di qualità; nella vetrina di sinistra sono invece contenuti oggetti di genere diverso: si segnalano in particolare il *Cristo deposto* dalle suggestive caratteristiche arcaiche; una bella mazza processionale dipinta su ambedue le facce con un'*Annunciazione* e un giovane *San Lorenzo*, eseguita a cavallo del Sei e Settecento, oltre ad alcuni "pratici" strumenti di foggia e di uso ormai superati ma che fanno parte della storia quotidiana della pieve, come la traccola (vedi) e le cassette per le elemosine. Si segnala anche la presenza, subito a destra della scala, di uno straordinario orcio di terracotta del secolo XVIII dalla bocca caratteristica, dal quale si può cominciare la visita in senso orario.

117. MANIFATTURA TOSCANA
*Cornice per edicola con cortina ricamata*
fine secolo XVIII-inizi secolo XIX
legno intagliato e dorato; cm 80×45;
tessuto artificiale del secolo XX
con ricamo applicato in sete
policrome e filo metallico dorato,
fine secolo XVIII-inizi secolo XIX
chiesa di San Giovenale a Cascia
*(inv. 91)*

## Vetrina a destra

118. MANIFATTURA FIORENTINA
*Parato in terzo*
fine del XVI secolo-inizi del XVII secolo
damasco bicolore in seta e lino;
cm 150×290 (piviale);
cm 119×137×103 (tonacelle);
cm 220×21,5 (stola);
cm 82×20 (manipolo)
pieve di San Pietro a Cascia
*(inv. 114)*

Motivo a rete di maglie includenti due diversi fiori di cardo, che fra Cinque e Seicento segna la fortuna delle manifatture di Firenze, cui si riconduce l'ideazione. Le più ampie dimensioni degli anelli lobati nella griglia arborea della tonacella evidenziano l'impiego di un diverso tessuto, riferibile comunque alla stessa tipologia ornamentale. Sul registro inferiore della tonacella e al centro dello scudo di piviale è riportato uno

118

stemma partito con l'emblema araldico delle famiglie Medici e Concini, committenti del parato. I Concini infatti furono molto legati ai Medici, ottenendo da questi importanti riconoscimenti: Bartolommeo fu segretario di Cosimo I, il figlio Giovanbattista segretario maggiore di Francesco II, Bartolomeo di Battista fu eletto senatore da Cosimo II nel 1615, mentre suo fratello, Concino Concini, seguì in Francia Maria de' Medici andata sposa a Enrico IV.

119. MANIFATTURA TOSCANA
*Camice*
fine del XIX-inizi del XX secolo
tela di lino con balza a filet ricamata;
cm 144×156
dono di un privato
*(inv. 161)*

120. MANIFATTURA TOSCANA
*Espositorio*
seconda metà del secolo XIX
legno intagliato, dorato, argento dipinto; cm 37×30
pieve di San Pietro a Cascia
*(inv. 95)*

121. MANIFATTURA TOSCANA
*Espositorio*
seconda metà del secolo XIX
legno intagliato, dorato, argento dipinto; cm 40×33
chiesa di Santo Stefano a Cetina
*(inv. 88)*

122. MANIFATTURA TOSCANA
*Reliquiario multiplo a cassa con arme*
seconda metà del secolo XVIII
legno intagliato e dorato;
cm 39×33×17

119

122

SALA 4

pieve di San Pietro a Cascia
(inv. 87)
Questo reliquiario si distingue dagli altri per la raffinatezza degli intagli comprendenti uno stemma con due torri e un cappello cardinalizio. All'interno della teca sono conservate le reliquie del santo titolare della chiesa, Pietro: ancora oggi l'oggetto viene esposto in chiesa durante la sua festa.

123. MANIFATTURA TOSCANA
*Coronamento di corredo di croce*
secolo XVIII
legno intagliato e dorato;
cm 50 (diam.)
oratorio di San Martino
a Pontifogno
(inv. 89)
Questo arredo mobile, destinato a coronare una croce processionale, presenta con freschezza di intagli la scena di san Martino a cavallo che taglia il mantello per donarlo a un povero ed è racchiusa in una ghirlanda vegetale.

## Vetrina a sinistra

124. MANIFATTURA TOSCANA
*Reliquiario a ostensorio*
secolo XVIII
lamina metallica, dorata
e argentata
su supporto ligneo;
cm 41×20×11
chiesa di Sant'Agata
in Arfoli
(inv. 53)

125. MANIFATTURA TOSCANA
*Reliquiario multiplo a ostensorio*
secolo XVIII-XIX
lamina in ottone sbalzato
su supporto ligneo dorato;
cm 41×21×8
chiesa di Santo Stefano a Cetina
(inv. 63)

126. MANIFATTURA TOSCANA
*Ostensorio*
secolo XVIII-XIX
metallo stampato e argentato;
cm 52×12,5
chiesa di San Niccolò a Forli
(inv. 62)

123

127. MANIFATTURA TOSCANA (?)
*Cristo deposto dalla croce*
secoli XIII-XV
legno scolpito e dipinto; cm 70×17×10
chiesa di San Niccolò a Forlì
*(inv. 21)*
La scultura è realizzata secondo schemi e caratteristiche arcaiche, evidenti nella resa elementare dell'anatomia e nella policromia accesa.
Nonostante la sommarietà di esecuzione di alcuni particolari, l'opera risulta di grande impatto visivo e devozionale.

128. MANIFATTURA TOSCANA
*Cassetta per elemosine*
secolo XVII
legno, metallo; cm 25×12×10
pieve di San Pietro a Cascia
*(inv. 98)*

129. MANIFATTURA TOSCANA
*Insegna processionale*
fine secolo XVII-inizio secolo XVIII
legno intagliato, tinteggiato, dipinto; cm 21×16×4
pieve di San Pietro a Cascia
*(inv. 84 a-b)*
L'insegna processionale è decorata in stile vivace con le immagini di riferimento delle Confraternite della Pieve di Cascia: da un lato l'*Annunciazione*, dall'altro un giovane *San Lorenzo* con la graticola, strumento del suo martirio.

127

129a

SALA 4

129b

130. MANIFATTURA TOSCANA
*Reliquiario a ostensorio*
prima metà del secolo XIX
legno intagliato e dorato; cm 51×26×11
provenienza incerta
*(inv. 94)*

131. MANIFATTURA TOSCANA
*Traccola*
secolo XIX
legno; cm 30×18×9

131

chiesa di San Donato in Fronzano
*(inv. 97)*
Questo strumento sonoro veniva utilizzato in passato per richiamare i fedeli durante la Settimana Santa quando le campane non potevano suonare. Pur nella estrema semplicità del materiale e della realizzazione, esso arricchisce il patrimonio del museo con la testimonianza di un'usanza antica.

132. MANIFATTURA TOSCANA
*"Madonna del Conforto"*
seconda metà del secolo XVIII
gesso modellato e dipinto,
cornice in legno; cm 16,5×16,5
pieve di San Giovenale a Cascia
*(inv. 96)*
L'immagine della "Madonna del Conforto" era particolarmente venerata a San Giovenale.

133. MANIFATTURA TOSCANA
*Campanello d'altare*
secolo XIX
bronzo e legno; cm 17
chiesa di San Tommaso a Ostina
*(inv. 73)*

134. MANIFATTURA TOSCANA
*Cassetta per elemosine*
secolo XX
legno intarsiato, madreperla;
cm 28×21
pieve di San Pietro a Cascia
*(inv. 99)*

## 6 - Sala 5 (Studio del Pievano)

Nella sala è stata ricreata l'atmosfera di quello che poteva essere lo "Studio del Pievano", riunendo qui tra l'altro i ritratti eseguiti tra Sei e Ottocento di alcuni Pievani di Cascia e di alcuni Vescovi di Fiesole appartenenti ad importanti famiglie fiorentine: questi ultimi spesso avocavano a sé il privilegio della pieve non solo per potervi soggiornare con agio ma anche per poter accedere alle sue rendite. In questo ambiente, destinato in futuro anche a conservare, in un mobile apposito sulla parete di sinistra, l'importante *Archivio storico* della pieve, sono stati inseriti anche due mobili moderni da utilizzare come deposito permanente di paramenti e tessuti antichi: questi vengono esposti nel museo a rotazione per consentire loro un periodo "di riposo" e quindi una migliore conservazione. Nella grande bacheca ottocentesca sulla parete di fondo sono esposti, oltre a una campionatura di documenti storici tratti dal citato Archivio, alcune belle custodie dei *Libri delle Compagnie* in velluto rosso e argento.

136

*La visita può procedere
in senso orario*

135. IGNAZIO HUGFORD
(Pisa 1703-Firenze 1778) e aiuti
*Il Beato Erizzo*
metà del secolo XVIII
olio su tela; cm 130×100
pieve di San Pietro a Cascia
*(inv. 13)*

136. MANIFATTURA TOSCANA
*Leggio d'altare*
secolo XVIII
legno intagliato e dorato;
cm 105×65×50
pieve di San Pietro a Cascia
*(inv. 86)*
Il leggio, di grandi dimensioni, ben rispecchia i lussureggianti canoni decorativi del tardo barocco. Prezioso nell'intaglio, il mobile presenta eleganti rifiniture ed abbellimenti come le quattro piccole sculture a forma di pisside (di cui una mancante) collocate agli angoli del lettorile. Su questo è esposta la riproduzione moderna ma fedele del quattrocentesco *Codice Squarcialupi*, nel quale sono raffigurati ed elogiati i grandi musicisti e compositori tra cui Giovanni da Cascia (1270?-1351).

137. IGNAZIO HUGFORD
(Pisa 1703-Firenze 1778) e AIUTI
*San Bernardo degli Uberti*
metà del secolo XVIII
olio su tela;
cm 130×100
pieve di San Pietro a Cascia
*(inv. 12)*
La tela (come il *pendant* al n. 135) può considerarsi replica di due tele analoghe che Hugford eseguì in serie di 14 per il refettorio dell'abbazia di Vallombrosa tra il 1745 e il 1748 e raffiguranti santi e beati dell'Ordine vallombrosano. Figlio di un orologiaio inglese dal 1683 al servizio di Cosimo III de' Medici e fratello dell'abate Enrico, che fu grande e riconosciuto esperto della tecnica della scagliola, Ignazio Hugford fu pittore e restauratore di buona fama, elegante nel disegno ed esperto nell'uso delle gamme cromatiche.

SALA 5

MUSEO MASACCIO D'ARTE SACRA A CASCIA DI REGGELLO

138. "E. NICCHERI" (seconda metà sec. XIX)
*Il pievano di Cascia Paolo Beni*
firmato sul retro e datato sul
davanti P.P.B. 1875
olio su tela; cm 86×74
pieve di San Pietro a Cascia
*(inv. 20)*

Prodotto decoroso della ritrattistica ottocentesca, di autore non conosciuto, il dipinto mostra l'immagine del pievano che ha lasciato a Cascia altri ricordi del suo passaggio, come un bel calice con le sue iniziali (vedi n. 50).

139. MANIFATTURA TOSCANA
*Camillo Tabarrini, pievano di Cascia dal 1688 al 1740*
fine secolo XVIII
olio su tela; cm 73×61
pieve di San Pietro a Cascia
*(inv. 16)*

La scritta consente d'identificare il soggetto: ADM.R.US.D.NUS CAMILLUS/TABARRINIUS PLEBIS CASCIE/PLEBANUS ELECTUS ANNO 1688. Il prelato è autore di un vivace e dettagliato diario utile per conoscere la storia della pieve a cavallo di due secoli.

139

140. PIETRO DANDINI
(Firenze 1646-1712)
*Pietro de' Filippini, pievano di Cascia dal 1673 al 1688*
ottavo decennio secolo XVII
olio su tela;
cm 64×52

pieve di San Pietro a Cascia
iscrizione:
R. PIETRO DE' FILIPPINIS /
ELECTUS PLEBANUS ANNO 1673 /
VIXIT ANNOS 53 MENSES 6 /
ORI IT ANNO 1688
*(inv. 14)*

È il ritratto più pregiato della serie qui esposta: è dovuto infatti al pennello di uno fra i protagonisti della scuola fiorentina della seconda metà del secolo, abile e veloce esecutore di grandi cicli decorativi, pale d'altare e dipinti da sala. La scritta, che riporta fra l'altro la data di morte del pievano, è da considerarsi posteriore all'esecuzione del ritratto, visto l'aspetto ancora vigoroso e giovanile del soggetto.

141. SCUOLA TOSCANA
Presunto ritratto di *Francesco Maria Ginori, vescovo di Fiesole (1736-1775)*
secolo XVIII
olio su tela; cm 73×52
pieve di San Pietro a Cascia
(inv. 19)

143

## *Bacheca sulla parete di fondo*

142. MANIFATTURA TOSCANA
*Custodia dei Capitoli della Compagnia del SS. Sacramento*
primo quarto del secolo XIX
argento sbalzato, velluto rosso;
cm 25,5×18,5
chiesa di San Tommaso a Ostina
(inv. 81)

143. MANIFATTURA TOSCANA
*Custodia dei Capitoli della Compagnia di sant'Agata*
secolo XVIII
argento sbalzato, velluto rosso;
cm 26×19
chiesa di Sant'Agata ad Arfoli
(inv. 80)

Questa custodia è forse la più preziosa e raffinata del museo data la presenza al centro della coperta di una miniatura di ottima fattura che raffigura sant'Agata. La ricercatezza e la qualità dell'oggetto testimoniano le possibilità economiche della Compagnia relativa.

144. MANIFATTURA TOSCANA
*Custodia dei Capitoli della Compagnia del SS. Sacramento*
secolo XVIII
ottone sbalzato e argentato,
velluto rosso; cm 23×16,5

chiesa dei Santi Giusto e Lucia a Rota
(inv. 77)

145. MANIFATTURA TOSCANA
*Custodia dei Capitoli della
Compagnia di sant'Antonio Abate*
secolo XIX
argento sbalzato, velluto rosso;
cm 19×13
oratorio di San Martino a Pontifogno
(inv. 79)

146. MANIFATTURA TOSCANA
*Custodia dei Capitoli della
Compagnia del SS. Sacramento*
secolo XVIII-XIX
argento sbalzato, velluto rosso;
cm 19×14
chiesa di San Niccolò a Forli
(inv. 78)

147. MANIFATTURA TOSCANA
*Coppia di insegne degli iscritti
alla Compagnia del SS. Sacramento*
secolo XX
metallo stampato e argentato;
cm 19×7,5
chiesa di San Niccolò a Forli
(inv. 82)

148. SCUOLA TOSCANA
*Tommaso Della Gherardesca,
vescovo di Fiesole (1702-1703)*
inizi secolo XVIII
olio su tela; cm 62×52
pieve di San Pietro a Cascia
(inv. 17)

149. SCUOLA TOSCANA
*Luigi Maria Strozzi,
vescovo di Fiesole (1716-1735)*
prima metà secolo XVIII
olio su tela; cm 61×56
pieve di San Pietro a Cascia
(inv. 18)

150. OTTAVIO DANDINI (?)
(Firenze 1690 ca-dopo il 1740)
*Filippo Neri Altoviti, vescovo
di Fiesole (1674-1702)*
1702
olio su tela; cm 62,5×49,5
pieve di San Pietro a Cascia
(inv. 15)
La scritta sul retro DEL FIGLIUOLO DI
PIETRO DANDINI, CELEBRE... 1702,
induce ad assegnare il dipinto al figlio meno noto del più celebre e dotato Pietro Dandini (vedi n. 140).

*Un antico volume con i resoconti delle entrate
e uscite della Pieve*

# Itinerari

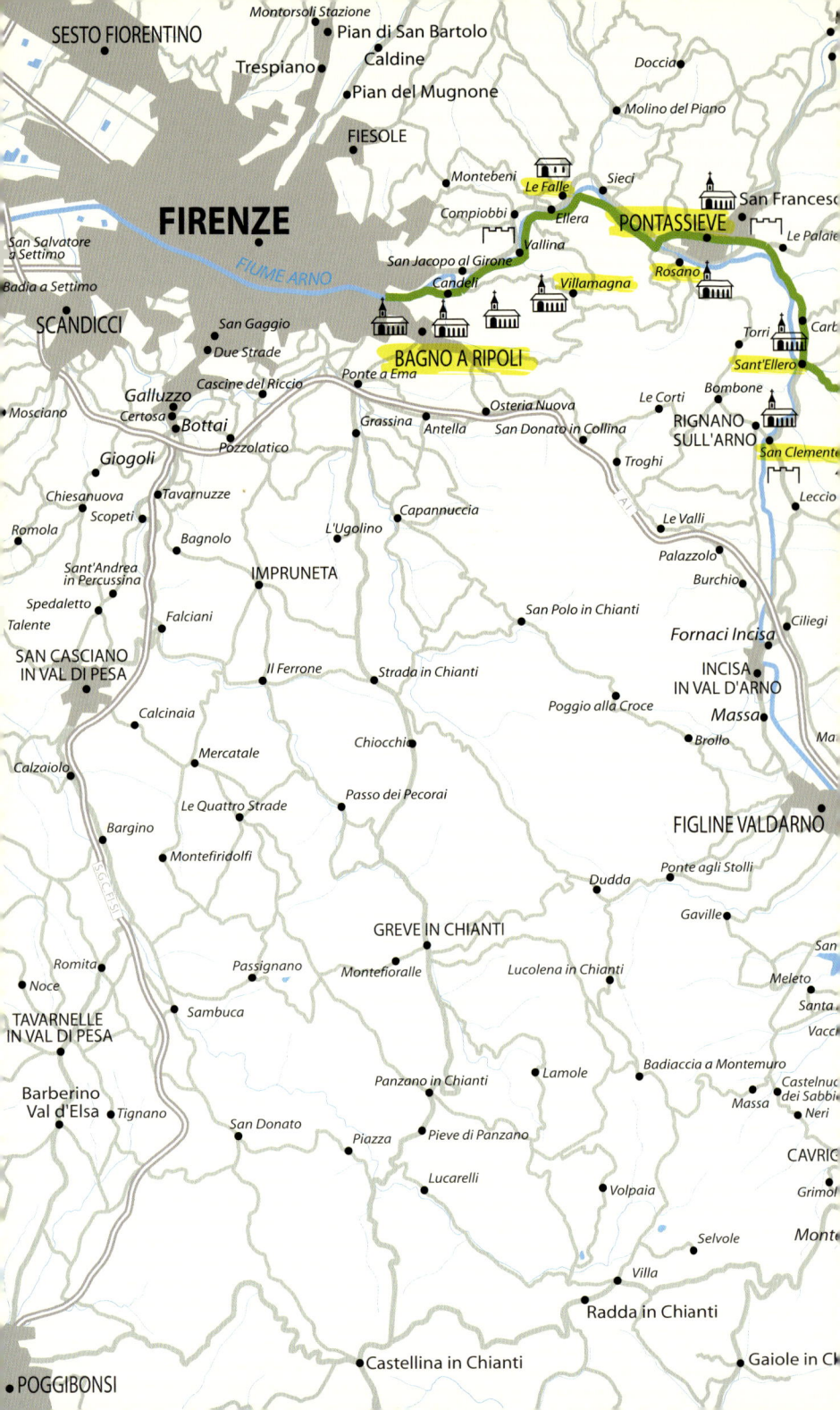

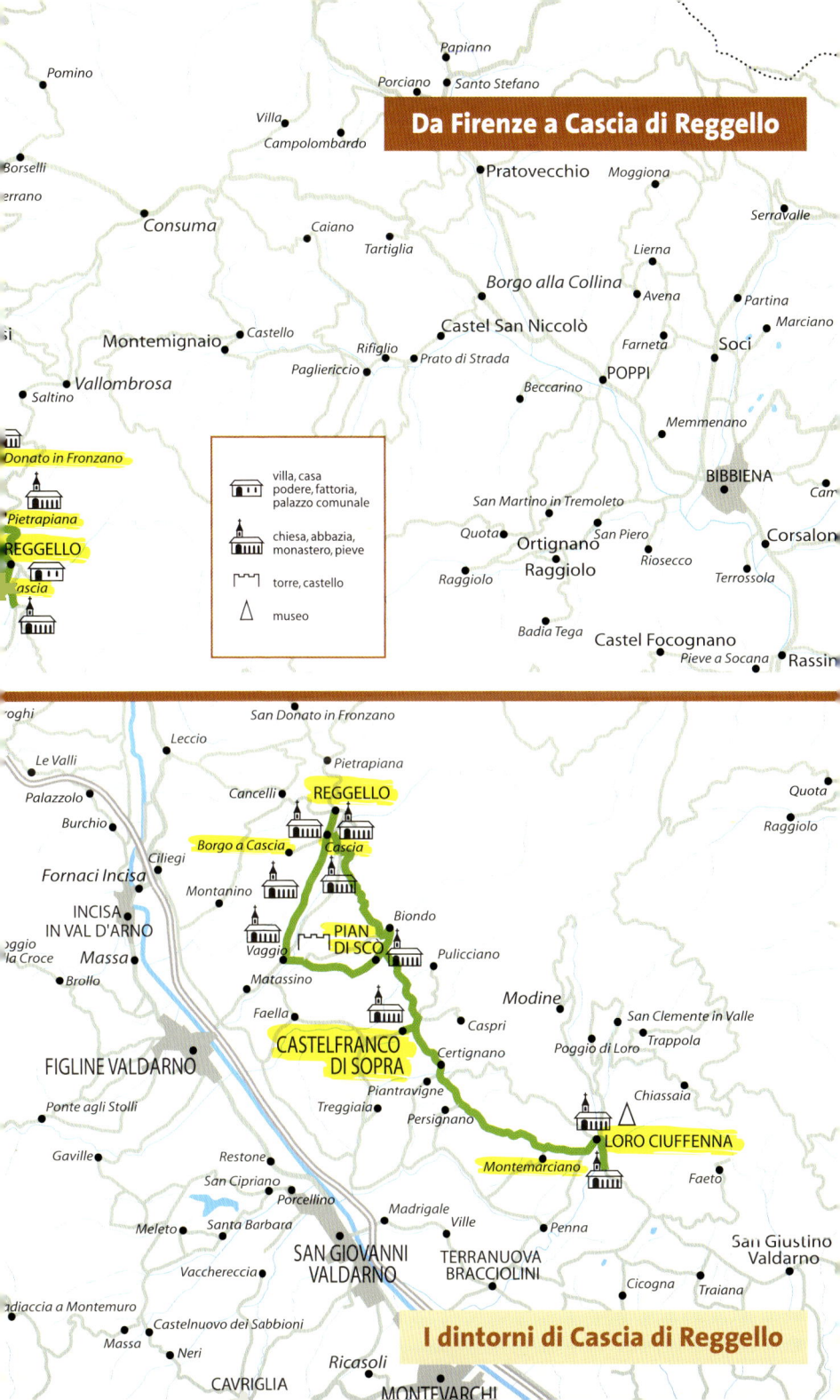

# Da Firenze al Museo Masaccio d'arte sacra a Cascia di Reggello

*Nicoletta Baldini*

Lasciando il centro di Firenze e attraversando l'Arno presso il ponte Giovanni da Verrazzano (uno dei più recenti di cui la città sia stata dotata negli ultimi decenni), s'imbocca il viale Donato Giannotti che prosegue poi nel viale Europa. Intorno a questa arteria, snodo su cui gravita un animato quartiere cittadino, si conservano edifici di grande interesse storico-artistico. Sono soprattutto costruzioni a carattere religioso: così, arrivando all'altezza di via Danimarca, voltando a destra ed immettendosi sulla via di Ripoli è possibile raggiungere la **badia a Ripoli** che sorge sull'omonima piazza. La fondazione, risalente al VII-VIII secolo, era in origine un monastero benedettino femminile che, passato in seguito ai Vallombrosani, venne infine soppresso nel primissimo Ottocento. La chiesa, dedicata a San Bartolomeo, ha subito rifacimenti nel tardo Cinquecento (1598) quando fu dotata del portico e poi, successivamente, soprattutto nell'Ottocento e negli anni Trenta del secolo seguente. L'interno, ad unica navata e cripta, conserva opere d'arte di valore, fra le altre: nella cappella maggiore una *Madonna in gloria e santi* di Francesco Curradi, nel presbiterio, a sinistra, *La contessa Matilde dona alla chiesa la Carta* di Giovanni Camillo Sagrestani (1706), nel sacello a destra della cappella maggiore una *Madonna col Bambino e santi* di Jacopo Vignali (1630). Proseguendo per la medesima via di Ripoli si trova, dapprima, la chiesa di **San Pietro in Palco** che ha avuto, dopo la sua consacrazione avve-

*Pieve di San Pietro a Cascia (abside)*

nuta nella seconda metà del Trecento, vari rifacimenti, e che è stata di recente restaurata. A questo punto, sempre seguendo la via di Ripoli, ma facendo una breve deviazione una volta oltrepassata la frazione di Sorgane, incontriamo a destra la pieve di **San Pietro a Ripoli**, di cui abbiamo testimonianze a partire dall'VIII secolo, pur essendo sorta sulle vestigia di un precedente edificio. La struttura originaria è stata più volte modificata nel corso dei secoli: verso la metà del Settecento alla costruzione si dette l'aspetto che seguiva il gusto tardobarocco e poi, durante il 1932-1933, si cercò di restituire una sorta di aspetto medievale all'intero complesso. Significativi sono all'esterno il campanile, la facciata tripartita con piccolo portico trecentesco e il portale rinascimentale. L'interno, a tre navate con la centrale absidata, conserva della sua originaria decorazione (che doveva ricoprirla interamente) solo alcune testimonianze: nell'ultima campata della navata destra un *Cristo in pietà e i simboli della Passione* e un'*Annunciazione* e nella navata sinistra una frammentaria *Vergine Annunciata*, questo, come gli altri affreschi rammentati, riferiti a Pietro Nelli (fine del XIV secolo). Si annovera fra le opere anche un dipinto di Orazio Fidani datato 1638 rappresentante la *Decollazione del Battista* (PROTO PISANI, 1994).

Riprendendo il viale Europa e proseguendo in direzione di Rosano su una delle dolci e suggestive colline che animano il paesaggio si può ammirare, sulla destra, la chiesa di **Santa Maria a Quarto**, che fa parte del Comune di Bagno a Ripoli; l'edificio, pur risalente almeno al XIII secolo, ha subito restauri, con inserimenti in stile neogotico, negli anni Trenta del Novecento.

Le opere che vi si conservano sono: all'altare una *Madonna* di Bicci di Lorenzo e un'*Annunciazione* di Neri di Bicci.

Fig. 1. *Pieve di San Pietro a Ripoli*

Fig. 2. *Pieve di San Donnino a Villamagna*

Entrando, a questo punto, sulla via di Rosano e percorrendo il raccolto borro di **Vallina**, si arriva a **Villamagna**, località in cui si conservano molti edifici di rilievo, ma su tutti è da segnalare una delle più importanti pievi del territorio fiorentino quella di **San Donnino a Villamagna**. L'attuale edificio risale all'anno Mille, quando fu realizzato sulle vestigia di una costruzione dell'VIII secolo. Dopo un restauro condotto nel 1930, nel corso del quale vennero rimosse le aggiunte barocche, la pieve ha riacquistato in parte le sue «severe forme romaniche». L'esterno, «dalle pareti rivestite da conci di filaretto d'alberese», presenta «la semplice facciata a capanna» «con i due spioventi laterali ribassati e un portale incorniciato da conci di pietra bianca» e il campanile che si erge con tre piani di bifore e una cella campanaria aggiunta successivamente (UNGAR, 1999). L'interno, a tre navate impostate su pilastri rettangolari

Fig. 3. *Compiobbi, villa Le Falle*

su cui poggiano arcate a tutto sesto, si conclude con un'abside a volta gotica costolonata; vi si possono ammirare numerose opere d'arte, fra le altre: a metà della navata destra il trittico *Madonna col Bambino e santi* di Mariotto di Nardo (riferito al 1394-1395); nella testata della navata sinistra una *Madonna col Bambino fra i santi Gherardo di Villamagna e Donnino* di Francesco Granacci, pittore che, nato proprio a Villamagna nel 1477, ebbe una formazione ghirlandaiesca; e ad un esponente della famiglia Ghirlandaio, a David specificamente, è stata attribuita la tavola che si trova a metà di questa navata: una *Madonna in trono e santi*.

Riprendendo nuovamente la strada che segue, sempre dappresso, il corso dell'Arno, la conformazione del territorio ci consente di ammirare sull'altra sponda del fiume (in località Compiobbi), la villa **Le Falle** notevole anche per la bellezza del suo giardino. L'edificio, ap-

Fig. 4. *Gualchiere di Remole*

partenuto alla famiglia fiorentina dei Guadagni, venne ricostruito durante la fine del Cinquecento dall'architetto Gherardo Silvani.

Ammirando la campagna che, dolce e suggestiva, accompagna entrambe le rive dell'Arno, si arriva ad un piccolo bivio sulla via di Rosano, bivio che ci permette di raggiungere uno degli edifici più suggestivi e singolari che animano i margini del fiume: le **Gualchiere di Remole**. La storia dell'edificio nella sua forma attuale – atta cioè ad alloggiare le gualchiere, macchine per feltrare i panni – è strettamente connessa alle vicende degli Albizi, una delle potenti famiglie della Firenze del Trecento. Nella prima metà di quel secolo gli Albizi spesero ingenti capitali per tali impianti, posti lungo entrambe le rive dell'Arno a monte di Firenze: comprarono le gualchiere del Girone, di Quintole e di Rovezzano ed edificarono la struttura di Remole, e in

tal modo crearono un'organizzazione, atta allo sfruttamento del fiume, strettamente connessa alla lavorazione della lana. La specificità delle Gualchiere di Remole è data innanzitutto dalla modernità del progetto dell'impianto che, edificato nel 1326, contava ben venti ceppi di gualchiera (per battere i panni nella fase di infeltrimento della lana) divisi in cinque case tra loro contigue, adatte all'alloggio degli operai che erano addetti al buon funzionamento della struttura. Nel 1334 a questo nucleo originario vennero aggiunte la torre e la colombaia, dando così all'insieme l'apparenza di un piccolo villaggio, protetto da una cinta di mura merlate, con al centro uno spazio comune circondato da diversi edifici (fra i quali anche una chiesetta con un chiostro) e animato al suo interno dai gualcherai e dal personale di servizio che vi risiedeva con le famiglie e vi svolgeva il proprio lavoro. Pur avendo perduto, a partire da circa il 1429, la sua originaria importanza, l'impianto è stato in uso come mulino e gualchiera fino ai primi del Novecento, e ciò che rende l'insieme estremamente affascinante è che i prospetti esterni del complesso sono ancora quelli originali trecenteschi anche se con chiare aggiunte e restauri di età moderna che tuttavia non disturbano la struttura originale (FABBRI, 2004).
Rientrando sulla via di Rosano, dopo qualche chilometro incontriamo, sulla destra, le cosiddette Piramidi di Rosano, due collinette dalla forma piramidale che risultano alquanto suggestive e che ci introducono nel borgo di **Rosano**, che si è formato intorno all'importante **Abbazia di Santa Maria**, monastero benedettino femminile che venne fondato, stando alla tradizione, nel 780 e che è testimoniato nei documenti a partire dall'XI secolo. Gli interventi sugli edifici che compongono il nucleo originario dell'abbazia si sono succeduti a partire dal XII-XIII secolo fino al Settecen-

Fig. 5. *Piramidi di Rosano*

to, mentre la chiesa, a motivo dei danni subiti durante la seconda guerra mondiale, è stata oggetto di un restauro che ne ha recuperato la struttura medievale. Poiché le religiose vivono in stretta clausura la visita al complesso è limitatissima: i chiostri sono accessibili soltanto in occasione della festività del Corpus Domini, mentre la chiesa è aperta unicamente per le funzioni liturgiche. Questo edificio, dall'impianto a tre navate con copertura a capriate lignee, conserva importanti opere d'arte – fra le altre un *Fonte battesimale* del 1423, un'*Annunciazione* di Jacopo di Cione, databile a circa il 1365, un trittico di Giovanni da Ponte con l'*Annunciazione e santi* del 1434 – ma su tutte ha una rilevanza straordinaria il *Crocifisso* con *Storie della Passione e Resurrezione di Cristo*, risalente al XII secolo e riferito ad un artista a cui è stato dato il nome di "Maestro di Rosano". Il restauro, a cui la tavola è stata sot-

Fig. 6. *"Maestro di Rosano"*, Crocifisso *con* Storie della Passione e Resurrezione, *Rosano, Abbazia di Santa Maria*

toposta dal 1997 al 2006, ha valorizzato ulteriormente l'altissima qualità del manufatto – primo Crocifisso ligneo in territorio fiorentino – e lo studio che è scaturito da quest'intervento conservativo potrà per certo fare nuova luce anche sull'anonimo artefice, di origine romana, che, in modo straordinariamente innovativo, ha reso con tanta maestria le sembianze del Cristo (*triumphans*) e gli episodi caratterizzanti la sua salvifica Passione (MONCIATTI, 2007).
Dal borgo di Rosano, attraversando l'Arno si raggiunge la cittadina di **Pontassieve**, che si trova alla confluenza fra il fiume e uno dei suoi affluenti, la Sieve. Il

Fig. 7. *Pontassieve, Ponte*

nome del luogo deriva appunto dal ponte che venne realizzato su questo corso d'acqua: un punto nevralgico la cui importanza si accrebbe massimamente dal Duecento, «quando la crescita economica e demografica della città di Firenze pose sempre più in primo piano i problemi del movimento delle merci e in particolare le esigenze dell'approvvigionamento alimentare» (Martelli, 2003). Il ponte medievale venne riedificato nel 1555 e nelle sue vicinanze si trova il convento di San Francesco, realizzato sempre in epoca medicea e che presenta un notevole portico seicentesco; il ponte su cui passa la strada statale, a valle di quello più antico, fu costruito invece in età lorenese ed ha subito nel tempo vari rifacimenti.

Dell'originario nucleo del XIII secolo il centro conserva oltre la struttura (con in alto la parte "murata" ed in basso il borgo prevalentemente ottocentesco): la Porta

Aretina, detta anche Torre dell'Orologio, e la Porta Fiorentina, entrambe trecentesche.

Da Pontassieve percorrendo la strada statale 69 si raggiunge **Sant'Ellero**, una località che fino ai primi del Novecento rivestiva una grande importanza perché vi si trovava uno dei numerosi attraversamenti dell'Arno che nel tempo sono stati soppiantati dai ponti e dalle arterie stradali: la cosiddetta "Nave di Sant'Antonio", infatti, era il barcone, esistente presso il "porto" di Sant'Ellero, che serviva ai monaci di Vallombrosa per traghettare il fiume, e recarsi nei loro possessi posti sull'altra sponda dell'Arno. Nel borgo si possono ammirare, collocati in una posizione suggestiva: la graziosa chiesa di **Santa Maria a Sant'Ellero**, all'interno della quale si conserva una *Nascita della Vergine*, di recente restaurata, dipinto di buona qualità realizzato, nel 1773, dal pittore di origine fiorentina Pietro Berti (PASQUINI, 2003). Questo edificio un tempo faceva parte del monastero delle benedettine di Sant'Ilario in Alfiano, nome col quale anticamente era ricordato anche il **castello di Sant'Ellero**, forse realizzato a difesa della fondazione monastica e che conserva della struttura medievale: la torre centrale parzialmente ricostruita e resti della cinta muraria.

Proseguendo sulla medesima arteria viaria si arriva all'abitato di **Donnini** (nella nuova chiesa dedicata alla Vergine del Carmine vi si trova un'*Annunciazione* di Francesco Curradi) da dove s'imbocca la **Strada dei Sette Ponti**, famosa per le numerose e antichissime pievi (Pelago, Pitiana, Cascia, Scò, Gropina e San Giustino) che s'incontrano sul suo percorso che congiungeva, lungo le pendici del Pratomagno, Firenze ad Arezzo e quindi a Roma. Il nome di questa "strada" (che in parte ripercorre il tracciato della *Cassia vetus*), antico di oltre un millennio, ha un'origine non ancora completamente chiarita: da un lato lo si motiva con la presenza degli attraversamenti dei corsi d'acqua (che però sono certo più numerosi di sette), dall'altro lo si lega al valore simbolico e rituale del numero sette che congiungerebbe le divinità pagane, un tempo venerate in questi luoghi, ai santi cristiani a cui sono dedicati i numerosi edifici religiosi che si trovano sul percorso. A partire proprio dalla pieve di **San Pietro a Pitiana** che, di origine romanica, conserva, delle sue antiche forme, il campanile con bifore e monofore e un parziale ricordo nella struttura a tre navate; nell'interno, a cui si accede da un portico cinquecentesco, sono custoditi due dei tre dipinti che Ridolfo del Ghirlandaio realizzò per l'edificio. Infatti quando la fondazione, di antico patronato della famiglia Cavalcanti, passò per legato testamentario all'ospedale di Santa Maria Nuova di Firenze, colui che ne fu spedalingo dal 1500 al 1529, Leonardo Bonafé,

Fig. 8. *Pieve di San Pietro a Pitiana*

si fece mediatore nel promuovere l'abbellimento della chiesa, coinvolgendo Ridolfo del Ghirlandaio. Questi per l'altare maggiore realizzò, intorno al 1512, una *Madonna col Bambino e santi* (ora in collezione privata inglese), mentre, tra il 1513 ed il 1518, per la cappella laterale di destra eseguì la *Madonna col Bambino, angeli e i santi Giovanni Gualberto e Agostino* (recuperata e qui ricollocata nel 2000: CANEVA, 2000) ed infine, per il sacello laterale di destra, l'*Annunciazione*. All'esterno, da cui si gode uno splendido panorama sulla vallata, alcuni stemmi ricordano sia il patronato dei Cavalcanti sia

Fig. 9. *Ridolfo del Ghirlandaio,* Annunciazione, *Pieve di San Pietro a Pitiana*

Fig. 10. *Antonio Rossellino (attribuita)*, Madonna col Bambino, *chiesa di San Clemente a Sociana*

quello dell'Ospedale di Santa Maria Nuova, mentre una lapide muraria rammenta che in questi luoghi il filosofo Marsilio Ficino compose, fra il 1469 ed il 1474, la sua *Theologia platonica*.

Dalla pieve di Pitiana, facendo una deviazione a destra dalla Strada dei Sette Ponti, si raggiunge la chiesa di **San Clemente a Sociana**, che presenta una struttura molto semplice, ad una sola navata, «con un breve transetto ed abside quadrata; esternamente un piccolo cam-

panile a vela ed un portico, frutto dell'ultimo intervento di restauro degli anni Sessanta» (BENCISTÀ, 1999), restauro che ha seguito quelli del 1580, del 1733 e del 1877. Di grande valore il patrimonio che vi si conserva, a partire dal bassorilievo, collocato sull'altare del transetto sinistro, con la *Madonna col Bambino* assegnato ad Antonio Rossellino con una datazione che oscilla fra il settimo e l'ottavo decennio del Quattrocento; posti al centro della parete absidale i due *Angeli reggicandelabro* riferiti a Mino da Fiesole, del 1480 circa ed infine una tavola con la *Madonna Assunta e santi*, attribuita a Girolamo Macchietti (CANEVA, 1999).
Ritornando alla volta di Pitiana e proseguendo in direzione di Reggello, si trova, in posizione elevata rispetto al centro abitato, la chiesa di **San Donato in Fronzano**, le cui prime testimonianze documentarie risalgono al 1029. Pur avendo subito nel corso dei secoli

Fig. 11. *Chiesa di San Donato in Fronzano*

(soprattutto nel Sei e Settecento) vari rifacimenti, col recente intervento di restauro si è cercato di riportare alla luce quanto ancora esistente della primitiva costruzione romanica, sulle cui pareti interne si conservano resti di affreschi attribuiti a Paolo Schiavo. Interessante l'organo della seconda metà del XVIII secolo.

Da questa località, attraverso una strada secondaria, si raggiunge un edificio estremamente suggestivo (anche se negli ultimi tempi lasciato in uno stato d'incomprensibile abbandono): il **Castello di Sammezzano**, costruzione di antica origine (si ipotizza che vi soggiornasse nel 780 Carlo Magno), che fu più volte trasformata fino a quando, nel corso del primo Seicento (1616), venne acquistata dalla famiglia Ximenes d'Aragona. L'aspetto attuale in stile moresco, conferitogli nel 1853 da un discendente della famiglia che si dilettava di architettura, Ferdinando Panciatichi, unisce – secondo i dettami di gusto eclettico romantico – ricordi dell'Alhambra di Granada ad altri delle pagode indiane, creando la magia di un edificio, vero e proprio *unicum* per l'Italia centrale. Il parco, uno dei più vasti della Toscana, è in sintonia con lo stile del castello, ed infatti il proprietario vi fece coltivare molte piante esotiche e rare fra le quali sono sistemati deliziosi edifici sempre in stile moresco.

Ritornando sulla Strada dei Sette Ponti si arriva al borgo di **Pietrapiana**, dove una strada scende alla pieve di **Sant'Agata in Arfoli** voluta, secondo la tradizione, da Matilde di Canossa. Si tratta di un edificio d'impianto romanico risalente forse ai secoli XI-XII, che, pur avendo subito, nel tempo, vari interventi sia all'interno che all'esterno (fra Sei e Settecento, infatti, da costruzione a navata unica è diventato a croce latina), è stato riportato dall'ultimo restauro (1966-1968) al suo stato originario. All'esterno, addossato alla facciata romanica, si

Fig. 12. *Pieve di Sant'Agata in Arfoli*

ammira il portico a quattro colonne, che in origine conservava affreschi trecenteschi con *Scene della vita di Sant'Agata*, ora collocati nel presbiterio. All'interno si trovano numerose testimonianze artistiche: sulla parete destra è sistemata una lastra tombale, con la data 1126, del sepolcro della famiglia Ardimanni, che fu patrona della chiesa; più avanti, in un'edicola con cornice seicentesca, vi sono due affreschi della metà del Quattrocento: la *Madonna in trono fra i santi Macario e Gio-*

*vanni Battista* e, nella parte superiore, l'*Annunciazione*. Nel transetto a destra si ammira un prezioso organo del 1756 e quindi nel presbiterio gli affreschi già nel portico, mentre l'altare conserva un tabernacolo del 1450. Alla sinistra del transetto si trovava, in origine, la cappella dedicata a sant'Agata (ora intitolata al Santissimo Sacramento) che, con la navata, risultava essere il nucleo primitivo dell'edificio. Sulla parete sinistra: un frammento di *ambone* con decorazioni zoomorfe e geometriche, risalente all'VIII secolo, seguito poi da un'edicola dove è conservato un affresco, datato 1497, con la *Madonna col Bambino in trono fra i santi Antonio e Sebastiano e il donatore* attribuibile a Raffaellino del Garbo e commissionato probabilmente da Filippo Alamanni, che dal 1457 ebbe il patronato della chiesa; infine è d'obbligo ricordare il *Fonte battesimale* la cui tazza, risalente forse all'XI secolo, venne ritrovata durante i lavori effettuati nel chiostro. Appunto nel piccolo chiostro datato al 1228, a cui si accede dal transetto destro, sono conservate quattro colonne angolari originali del XIII secolo, due delle quali con capitelli quattrocenteschi.

Dalla chiesa di Sant'Agata, imboccando una strada secondaria che si dirige verso Rignano, s'incontra villa **Bonsi**, parte di una tenuta che si estende sulle colline che guardano verso l'Arno. Edificata nel XV secolo dalla famiglia fiorentina dei Bonsi della Ruota, la costruzione venne trasformata in convento durante il Seicento, e due secoli dopo divenne proprietà dei marchesi Budini Gattai (che tuttora la posseggono) i quali si fecero realizzare dall'architetto Raffaele Sorbi una dimora di campagna di gusto neogotico.

Ritornando al borgo di Pietrapiana e dirigendosi verso Reggello si raggiunge facilmente, deviando a sinistra, la chiesa di **San Michele a Caselli** che, documentata dal XIII secolo, a navata unica, ha subito rifacimenti nel

XVII e XVIII secolo, quando si sono avute quelle trasformazioni tardobarocche di cui restano, a testimonianza, gli stucchi che ornano le pareti dell'interno dell'edificio.

Da questa località si arriva infine al paese di **Reggello**, la cui posizione a ridosso del Pratomagno consiglia anche piacevoli escursioni verso la montagna. Da identificarsi probabilmente con l'antico Castelnuovo della pieve di Cascia – per distinguerlo dal Castelvecchio, appartenente ai Conti Guidi – il borgo entrò a far parte del dominio di Firenze fra la fine del XIII e l'inizio del secolo successivo e, nel 1385, il castello venne fortificato; la denominazione attuale (Reggello), significante il capoluogo di comunità, risale ad una legge promulgata nel 1773 dal granduca Pietro Leopoldo. Si possono visitare nel paese: il Municipio (ornato sul prospetto esterno dagli stemmi di alcuni Podestà) e la chiesa parrocchiale di San Jacopo, che fu istituita con la stessa struttura, a navata unica, del preesistente oratorio (dedicato a tale santo). L'edificio, pur avendo subito opere di ammodernamento durante il Novecento, conserva al suo interno arredi per la più parte del XVII secolo e nel presbiterio un *Crocifisso* ligneo cinquecentesco. Dalla chiesa di San Jacopo di Reggello si può raggiungere, andando verso nord, la chiesa di **San Martino a Pontifogno**, costruzione a navata unica la cui struttura caratteristica di luogo di culto rurale del XIII secolo, è stata trasformata in epoca sette-ottocentesca; la facciata presenta l'inserimento di un portico su colonne piuttosto tipico, come abbiamo visto, di tutta la zona che gravita intorno alla Strada dei Sette Ponti. Sempre da Reggello, ma procedendo verso sud, si raggiunge l'oratorio di **Santa Maria a Ponticelli** che, risalente ai secoli XVI-XVII, venne edificato per la devozione alla Vergine, al cui intervento miracoloso si attribuì la cessazione di un'epidemia di peste: l'immagine venerata, che si trova sull'altare dell'edificio ad unica navata, rappresenta la *Madonna col Bambino e sullo sfondo il Santuario di Ponticelli* (si nota che l'affresco è stato più volte fatto oggetto di ridipinture). Infine da Reggello raggiungiamo la frazione di **Cascia** la cui **Pieve di San Pietro** ospita il **Museo Masaccio d'Arte Sacra**.

## *I dintorni di Reggello*

La ricchezza artistica della zona, che non si disgiunge dalla notevole bellezza paesaggistica, è testimoniata dal numero di chiese, oltre a quelle finora menzionate, che si trovano sempre nei pressi di Reggello. Se le pievi

Fig. 13. *Chiesa di San Martino a Pontifogno*

poste sulla Strada dei Sette Ponti svolgevano, com'è stato detto, «importantissime funzioni tanto religiose quanto civili e amministrative» (CANEVA, 2006), i numerosi edifici anche minori (e meno noti), sempre a carattere religioso, sono il segno della vita pulsante di questo tratto del Valdarno. Così, percorrendo la strada in direzione sud-ovest, incontriamo costruzioni sacre di un certo interesse: la chiesa di **Santa Tea**, ad unica navata, ricordata fin dal XII secolo, conserva testimonianze di un rinnovamento quattrocentesco; nel tempo le sono stati addossati alcuni edifici la più parte dei quali occupati da strutture facenti parte di un frantoio. Della chiesa di **Sant'Andrea a Borgo a Cascia** si hanno memorie documentarie dal 1260 e fino al 1549 ma dell'antico edificio non esistono più tracce, è stato infatti ricostruito in forme neogotiche durante il Novecento; il Borgo, a cui si riferisce la sua denominazione, sorse ai piedi del castello di Cascia nel XII secolo. Sulla chiesa di **San Siro** possediamo pochissime notizie, tuttavia essendo tale santo uno dei protomartiri, è probabile che il luogo fosse di origine molto antica; l'edificio attuale, risalente al XII secolo, è una piccola costruzione di culto di segno rurale, mentre la torre campanaria, probabilmente del VII-VIII secolo, dovette essere costruita originariamente come struttura difensiva. Ancora più a sud di Reggello s'incontra la chiesa di **San Giovenale a Cascia** – da cui proviene il *Trittico* di Ma-

Fig. 14. *Chiesa di San Giovenale a Cascia*

saccio ora nel Museo di arte sacra – e che, documentata a partire dal 1028, presenta una struttura riferibile al XIII secolo; nei pressi dell'edificio, fra la via comunale e il torrente Resco Reggellese, si trova un sito archeologico con resti di una piccola necropoli romana. Infine è da menzionare la chiesa di **San Tommaso a Ostina** che, con il borgo che le si è creato attorno, dovrebbe essere sorta fra il XII ed il XIII secolo. L'impianto originario, come i paramenti murari, fanno ritenere l'edificio attuale della seconda metà del Duecento; alla facciata, il cui portale d'accesso data al 1314, è stato addossato, durante il Novecento, un porticato, mentre settecentesche sono la canonica e la sacrestia.

Da questo edificio si procede nella direzione di Vaggio e prendendo una strada detta "Castagneta", per il bel percorso fra piante di castagno, si arriva a **Pian di Scò**,

Fig. 15. *Veduta del paesaggio da Pian di Scò*

centro adagiato presso il già ricordato torrente Resco (dal quale forse deriva il nome) che «mediante un sistema di canalizzazione artificiale, alimentava mulini, frantoi e un ampio comprensorio agricolo, particolarmente fiorente in età granducale» (Trotta, 2005). Oltre ai resti, sul vicino Poggio della Regina, del maestoso castello dei Conti Guidi (datato fra il x e il xiii secolo), degna di nota è soprattutto la romanica pieve di **Santa Maria**, dal cui sagrato, recentemente restaurato come tutta l'area circostante, si può godere del paesaggio di boschi e colline coltivate a ulivi e viti. L'edificio, con un'imponente torre campanaria, è documentato a partire dal 1008. L'esterno presenta una semplice facciata su cui si aprono arcate cieche e due monofore; l'interno della chiesa, a tre navate spartite da capitelli finemente decorati, conserva ad affresco una *Madonna col Bambino* di Paolo Schiavo.

Da Pian di Scò, dirigendosi verso Castelfranco di Sopra, s'incontra la badia di **San Salvatore a Soffena**, edificata dai Vallombrosani durante il Trecento sui resti di una struttura fortificata dell'xi secolo e rimaneggiata durante il Quattrocento; adibita ad altri usi in seguito alle soppressioni leopoldine, venne infine acquistata dallo Stato che l'ha restaurata. L'interno, a croce greca, è decorato da numerosi affreschi, fra gli altri si possono menzionare soprattutto le *Storie della vita di San Giovanni Gualberto* di Bicci di Lorenzo. Interessante è l'attiguo ex monastero vallombrosano con il suggestivo chiostro impostato su pilastri.

Proseguendo sempre sulla Strada dei Sette Ponti si giunge a **Castelfranco di Sopra** – punto d'incontro fra il Pratomagno e il Valdarno Superiore – che è una delle "terre nuove" fiorentine. Fondata nel 1299 – sulle vestigia del Castello di Soffena – se ne attribuisce tradizionalmente il disegno ad Arnolfo di Cambio. L'originaria struttura urbanistica a scacchiera, ancora in parte cinta dalle mura con torri e con due delle quattro primitive porte d'accesso, conserva al suo interno la chiesa di San Tommaso che, risalente all'XI secolo, venne dotata nel Quattrocento di un pronao e ampliata durante il XVIII secolo. Riprendendo la Strada dei Sette Ponti in direzione di Loro Ciuffenna, ci si può soffermare a Montemarciano, borgo caratterizzato dai resti di un castello, distrutto dai fiorentini nel 1288, dall'oratorio della **Madonna di Montemarciano** che con-

Fig. 16. *Pieve di San Pietro a Gropina*

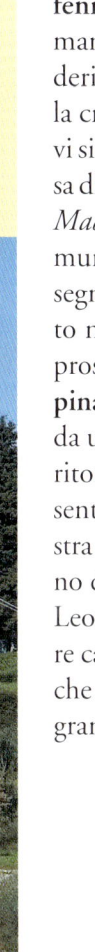

serva un affresco assegnato anche a Masaccio, e dalla vicina chiesa cinquecentesca della Madonna delle Grazie, che è contraddistinta da un portico seicentesco. Da questa località si prosegue in direzione di **Loro Ciuffenna**. Sorto sul sito di un insediamento etrusco e romano, Loro ha conservato la sua impronta medievale derivatagli dall'omonimo castello, arroccato su una gola creata dal torrente Ciuffenna. Fra i monumenti che vi si possono visitare sono, di notevole interesse, la chiesa di Santa Maria Assunta, che custodisce un trittico con *Madonna e santi* di Bicci di Lorenzo, e nel Palazzo Comunale il Museo Venturino Venturi, che conserva disegni e sculture dell'artista qui nato nel 1918 e deceduto nel 2002. Riprendendo la Strada dei Sette Ponti si prosegue in direzione della pieve di **San Pietro a Gropina**, che poco dista dall'asse viario ma a cui si giunge da una ripida salita. Una delle più antiche pievi in territorio aretino, l'edificio, eretto intorno al Mille, presenta una facciata in conci di pietra (facciata che mostra evidenti segni di interventi posteriori) su cui si aprono due monofore e una bifora con lo stemma di papa Leone X e la data 1522. A lato s'innalza l'imponente torre campanaria risalente al 1233. L'interno è a tre navate che si impostano su colonne con capitelli istoriati di grande pregio, su una delle quali poggia l'*ambone*.

*Si ringraziano: Lucia Bencistà, don Ottavio Failli, Cecilia Frosinini, Cecilia Ghelli, Francesco Martelli, Alessio Monciatti, don Gino Monnetti, Gloria Papaccio, padre Ugo Presazzi, Rosanna Proto Pisani, Giuseppina Carla Romby, Giuliana Righi, ed in modo particolare i Direttori ed il personale del Kunsthistorisches Institut di Firenze.*

# Artigianato artistico ed enogastronomia attraverso l'antica Strada dei Sette Ponti

*Maria Pilar Lebole e Benedetta Zini*

L'itinerario che ci conduce in direzione dell'antica pieve di San Pietro a Cascia e del suo territorio offre al viaggiatore numerose varianti. Per chi ha fretta di arrivare è senz'altro consigliabile l'uso dell'autostrada A1 in direzione di Roma. Da qui l'uscita consigliata è quella per Incisa Valdarno, per poi seguire le indicazioni che conducono a Reggello.

Per chi invece ha più tempo a disposizione, proponiamo qui un itinerario diverso, un po' più lungo, attraverso un percorso antico e pieno di fascino che grazie a una serie di piccole deviazioni ci porta a ripercorrere la *Cassia Vetus*, l'antica via romana che univa Fiesole con Arezzo e che oggi può a grandi linee essere sovrapposta alla provinciale Sette Ponti (l'antica Strada dei Sette Ponti). Questo ci permetterà d'inoltrarci in quel territorio compreso tra la Val di Sieve e il Valdarno che è oggi considerato la "montagna" fiorentina e che costeggia tutta la catena del Pratomagno. Incontreremo una Toscana molto diversa da quella che siamo abituati a riconoscere nelle immagini patinate che ritraggono eleganti coloniche che dominano dall'alto delle colline su campi ordinati. Anche questa parte di Toscana è certamente agricola e profondamente legata al mondo rurale, ma qui in modo particolare si percepisce in tutta la sua violenza la battaglia che l'uomo ha combattuto nei secoli con strenua determinazione con una natura avversa e prepotente, per ritagliarsi un piccolo terreno seminativo. Fitta boscaglia, inverni rigidi e spes-

so nevosi, un territorio dalle pendenze tutt'altro che pianeggianti o lievemente collinose sono le caratteristiche fondamentali di questo territorio aspro, ma al tempo stesso pieno di fascino.
I bellissimi e ancora in gran parte incontaminati boschi locali, ricchi di faggi, castagni e latifoglie, sono stati fin dall'antichità una delle principali fonti di sostentamento per una popolazione che ha dovuto combattere, forse più delle altre, con la contraddizione di vivere in un territorio a metà tra quello agricolo e quello montano. Se i frutti nati dai pochissimi spazi agricoli a disposizione non erano sufficienti, ecco che la montagna veniva in aiuto all'uomo con le sue risorse. Castagne, funghi, frutti del sottobosco, ma soprattutto legname per la costruzione di oggetti d'uso e per il riscaldamento nei rigidi inverni caratteristici della zona. Il legame tra l'uomo e il bosco è in questi luoghi profondo e rispettoso, a testimoniarlo i pochi piccoli edifici costruiti qua e là e utilizzati come seccatoio per le castagne e per i funghi o come piccoli rifugi nei mesi dedicati alla pastorizia.
È questa una terra ricca di storia, il cui passato fortemente feudale è testimoniato dalla presenza capillare di castelli e piccoli borghi, e il cui sviluppo economico ha avuto nel corso dei secoli fasi alterne, condizionato dalle cruente guerre intraprese dalla Repubblica Fiorentina contro la fitta rete feudale che dominava su queste terre; da pestilenze e carestie; finanche a invasioni e saccheggi da parte di eserciti stranieri che di qui si trovavano a passare.
È tuttavia verosimile affermare che l'andamento dell'economia locale sia stato da sempre fortemente legato alla strada che lo percorre, la romana via dei Sette Ponti. Questo sia per quanto riguarda la morfologia del territorio che la contraddistingue, che ha sviluppato un'economia agricola che si alterna quasi intrecciandosi a

un'economia più strettamente boschiva; sia per quanto riguarda gli interessi politici che con l'andar dei secoli l'hanno investita, facendone ora la principale arteria viaria verso il sud e favorendone incredibilmente lo sviluppo dei commerci e delle attività manifatturiere in genere, abbandonandola in seguito in favore di altre vie più brevi e veloci.

Percorriamola, dunque, la via dei Sette Ponti, alla scoperta di un territorio affascinante e pieno di curiosità.

## *Lungo la via dei Sette Ponti*

Partendo dalla zona sud di Firenze, ci dirigiamo in direzione Bagno a Ripoli. Al bivio, lasciamo la strada che ci porterebbe al paese e svoltiamo verso sinistra imboccando la provinciale 35 in direzione del borgo di **Rosano**. Le colline che accompagnano il nostro viaggio acquistano proprio in prossimità di questo piccolo paese un particolare interesse sia per l'antichissima origine che le caratterizza, sia per la presenza proprio qui di alcune specie arboree e cespugliose, del tutto insolita. La forma vagamente piramidale delle colline è dovuta alla quasi certa presenza di un lago in epoca preistorica, che ne avrebbe modellato la figura producendo questa singolare conformazione. Si tratta di una zona boschiva fitta e impervia, che nonostante la tendenza al disboscamento operata nei secoli da una cultura fortemente contadina, ben più propensa all'abbattimento dei boschi in favore delle più proficue coltivazioni vitivinicole e olivicole, è riuscita a mantenere in gran parte integra la sua struttura. Querce, pini, lecci, cipressi e carpini sono le varietà arboree più diffuse nella parte più alta delle colline di Rosano, quelle che superano anche i 300 metri di altezza. A queste si accompagna un sottobosco ricco di ginestre, pungitopo, muschi e

Fig. 1. *Rosano. Paesaggio*

felci (soprattutto nelle zone più ombrose e umide). Una flora molto comune soprattutto nelle zone della riviera Toscana, e che lascia un po' sorpresi incontrare alle porte di Firenze. Gli studi di alcuni prestigiosi botanici a cavallo tra Otto e Novecento hanno evidenziato questa zona come probabilmente la più ricca d'Italia, se non addirittura del bacino del Mediterraneo, di alcune di queste varietà arboree ed erbacee. Il fenomeno è dovuto sostanzialmente alla particolarissima condizione climatica della zona, temperata e mite, che ricorda da vicino quella delle zone litoranee. Ed è proprio grazie a questa particolare mitezza climatica e alla grande fertilità dei terreni favorita dalla secolare presenza dei boschi, che le coltivazioni agricole della zona sono altrettanto degne di nota. Siamo a pochi passi dalla Val di Sieve e dall'alto Valdarno, zone d'eccellenza per la produzione vinicola la prima e olivicola la seconda.

Fig. 2. *Rosano. Abbazia di Santa Maria*

Trovandosi a passare da queste parti vale senz'altro la pena segnalare, presso l'abbazia di Santa Maria, la presenza da oltre dodici secoli di una piccola comunità di suore benedettine di clausura, che hanno allestito all'interno dei locali dell'abbazia alcuni laboratori dove eseguono pregiati lavori di ricamo su commissione e piccoli oggetti in ceramica. Le suore producono inoltre conserve e liquori e una famosa marmellata di pesche realizzata alla maniera antica, con i frutti che crescono nel loro giardino. Non è possibile visitare i luoghi di produzione, ma telefonando al monastero si può concordare un appuntamento per acquistare i prodotti o commissionare lavori di ricamo e ceramica. Lungo la strada, una piccola deviazione sulla sinistra, proprio in prossimità del fiume, ci invita a fare una piccola sosta per visitare le **Gualchiere di Remole**, esempio praticamente unico in Europa di stabilimento per eseguire le operazioni di "gualcatura", una delle più importanti fasi nella lavorazione laniera in epoca medievale.

Fig. 3. *Gualchiere di Remole*

La produzione dei "panni di lana", oltremodo diffusa nella città di Firenze e nel suo circondario in epoca medievale, costituiva una delle lavorazioni artigianali più importanti e redditizie della città. Il prodotto finito si otteneva tuttavia solo dopo un lungo procedimento di lavorazioni diverse, ma tra loro strettamente concatenate. La gualcatura serviva a dare consistenza ai panni in precedenza filati. La trama veniva compattata per rendere il panno più resistente, come rassodata, motivo per cui alcuni erano soliti appellare questo procedimento anche come "sodatura". Il bel complesso delle

Fig. 4. *Gualchiere di Remole*

Gualchiere di Remole, costituito da due edifici speculari in pietra, dotati di alte torri merlate, al primo colpo d'occhio ci fa pensare a un castello abbandonato sul limite del fiume. Lo stato di conservazione, in parte compromesso da incuria, abbandono e arbitrarie modifiche architettoniche, mantiene tuttavia pressoché intatto il percorso a cui venivano sottoposte le pezze di lana. Si tratta di un esempio unico, in cui sono ancora chiaramente individuabili alcuni dei principali passaggi della lavorazione della lana, e che ha permesso di chiarire i meccanismi che portavano al compimento delle operazioni, fornendo anche importanti informazioni riguardo la tipologia di macchinari di cui si disponeva all'epoca. Le pezze di lana arrivavano da Firenze in traghetto, è ancora visibile il piccolo punto d'approdo dove le imbarcazioni lasciavano lana e lavoranti. Gli edifici principali erano quelli adibiti a ospitare i macchinari, che per essere operativi si servivano della forza idraulica del fiume. Per far ciò un canale artificiale convogliava l'acqua proprio all'interno degli edifici. Il canale dipendeva a sua volta da una pescaia, un bacino artificiale che aveva lo scopo di evitare improvvise inondazioni nonché di rifornire il canale di acqua in modo costante, sia pure in periodi di grave siccità. Il complesso comprendeva poi una serie di piccoli edifici collaterali dedicati a rimessaggio, alloggi e magazzini.

Lasciate alle nostre spalle le belle Gualchiere di Remole, riprendiamo il nostro viaggio imboccando nuovamente la provinciale 35, seguendo le indicazioni per Pontassieve.

La strada procede dritta fra le colline della Val di Sieve dove si intrecciano i vari itinerari enologici che sono stati favoriti dalla produzione locale degli ottimi Chianti Rufina e Pomino.

Come in gran parte della Toscana e in particolare nel contado fiorentino, la produzione vinicola si accompagna da sempre a quella olivicola, in una dicotomia quasi monotona che vede l'alternarsi di colline poderali sfruttate quasi sempre in ugual misura da queste due coltivazioni. Recentemente tuttavia, nella bassa Val di Sieve, l'ottima qualità raggiunta dalla produzione enologica ha fatto sì che questa venisse in qualche modo favorita rispetto a quella dell'olio. La viticoltura ha così progressivamente raddoppiato i suoi spazi, sacrificando altre coltivazioni, di sovente abbattendo ampie aree boschive e andando a ottenere una estensione produttiva che ad oggi risulta una delle più sostanziose, rispetto al computo generale delle aziende vinicole di tutta la provincia di Firenze.

Un esempio interessante lo abbiamo avvicinandoci all'abitato di Pontassieve. Nella vasta area industriale che

Fig. 5. *Vigne*

sorge giusto alle porte della città, si evidenzia in modo piuttosto prepotente il grande stabilimento di produzione dei vini Vi.C.A.S., che riunisce gran parte dei piccoli e medi produttori vinicoli della zona compresa tra Arno e Sieve. Nata nel 1964, l'associazione dei viticoltori ha dato vita a una cantina sociale che ha come scopo primario quello di mantenere intatte le specificità territoriali, accettando solo uve di qualità e soprattutto prodotte nella zona di riferimento. Questo ha permesso alla cantina Vi.C.A.S. di crescere e dar vita a un modello di sviluppo sostenibile nel settore vitivinicolo decisamente all'avanguardia. Oggi sono oltre 250 i piccoli e medi produttori che sono entrati a far parte del consorzio, producendo un vino da tavola di ottima qualità e specializzandosi anche nella produzione di altri prodotti correlati come vinsanto e aceto, in modo da rendersi sempre più in linea con le richieste del mercato.

Trovandosi nella zona vale indubbiamente la pena una visita al poco distante laboratorio di scagliola del maestro Bianco Bianchi. Attivo fin dagli anni Sessanta, il laboratorio produce manufatti di vario genere realizzati rispettando fedelmente l'antica tecnica della scagliola. Dal disegno alla preparazione del supporto, dall'intarsio fino alla lucidatura, gli oggetti che escono dal laboratorio di Bianco Bianchi sono pezzi unici al mondo, riconoscibili per qualità e raffinatezza della realizzazione. Concedendoci una piccola deviazione, lasciamo la provinciale 35 per entrare nell'antico paese di **Pontassieve**. Di origine etrusca, Pontassieve ha visto il passaggio dei Romani, ma ha avuto il suo momento di maggior sviluppo in epoca medievale grazie alla sua posizione strategica tra Arno e Sieve che ne faceva per i Fiorentini un avamposto fluviale fondamentale, sia a scopo difensivo, sia per lo sviluppo e la diffusione dei commerci. Qui come in gran parte delle zone della Toscana più marcatamente agricola, lo sviluppo artigianale ha mantenuto il passo nei secoli all'ombra delle fondamentali produzioni agricole. L'oggetto nasce esclusivamente in funzione delle necessità d'uso del contadino, è stilisticamente semplice, essenziale, privo di inutili orpelli poiché la sua funzione fondamentale non è estetica, ma pratica. Si rintracciano così gli antichi mestieri del fabbro, intento a forgiare utensili per l'uso quotidiano dell'agricoltura, del bottaio o del falegname, tutti impegnati in una piccola produttività la cui unica funzione è asservirsi all'agricoltura. Seppure oggi non si possa parlare di vere e proprie attività artigianali sopravvissute all'interno del Comune, esistono piccolissime realtà che hanno in parte mantenuto in vita l'antica tradizione dei mestieri contadini. Non si può tuttavia parlare di vera e propria specializzazione in un settore artigianale di spicco. È di un qualche rilievo la piccola produzione di pelletteria, generalmente sotto forma di piccole aziende a conduzione familiare che producono parti che vengono successivamente assemblate dalle grandi industrie di pelletteria della zona. La gran parte degli addetti è ormai da secoli impegnata nelle ben più produttive attività vitivinicole.

Trovandoci a Pontassieve vale tuttavia la pena di fare una breve deviazione appena fuori del paese, dirigendoci il località **Sieci**. Incontriamo qui uno dei pochissimi esempi ancora funzionanti di mulino a vento. Costruito all'inizio dell'Ottocento, il mulino era ormai caduto in disuso e in totale stato di abbandono. Un progetto realizzato nel 2000 con il patrocinio del Comune di Pontassieve e della Fattoria di Lavacchio, che ospita l'edificio all'interno dei suoi terreni, ha permesso di riportare a nuova vita l'antico mulino, tutt'oggi funzionan-

Fig. 6. *Mulino a vento della Fattoria Lavacchio*

Fig. 7. *Pontassieve*

te e attivo. Grazie all'approfondito studio di modelli di mulino a vento coevi, è stato possibile operare uno scrupoloso restauro delle parti meccaniche che lo compongono, restituendogli tutte le funzionalità del passato. Oggi alla fattoria Lavacchio, oltre alla vendita diretta dei prodotti vitivinicoli e olivicoli, oltre agli interessanti corsi di cucina e terracotta, si produce una farina biologica del tutto speciale, esattamente come quella che si produceva duecento anni fa.

Rientrati a Pontassieve, attraversiamo tutto il paese e superata la piazza principale ci troviamo sul ponte che attraversa la Sieve. Da qui, girando sulla destra, imbocchiamo la Regionale 69. Un bivio sulla destra ci indica la strada che porta alla Consuma, ma procediamo dritti lungo l'antica via aretina in direzione Incisa Valdarno, entrando nel cuore della Val di Sieve. Ed è proprio a partire da qui che il paesaggio che ci

Fig. 8. *La foresta nei pressi di Vallombrosa*

accompagna comincia progressivamente a cambiare, discostandosi da quello che siamo soliti identificare con la classica Toscana agrituristica. Non mancano le distese ordinate di vigneti e oliveti, disposti a intervalli regolari lungo un paesaggio collinare dai profili delicati, ma che d'improvviso si fa quasi montano. Folti boschi di abeti, querce e faggi dominano dall'alto la vallata. Siamo alle pendici del Pratomagno e via via le colline si fanno sempre più appuntite e impervie, il sole quasi sparisce dietro la loro curvatura, l'odore umido del muschio montano ci pervade i sensi all'improvviso. È questo il centro del territorio dominato dai così detti **Comuni della Montagna Fiorentina**, una vasta area che abbraccia da nord a sud i Comuni di San Godenzo, Dicomano, Londa, Rufina, Pelago, Pontassieve. A questi, seppure più decisamente rivolto verso il territorio del Valdarno, si aggiunge anche il Comune di Reggello, insieme alla poco distante Vallombrosa.

È un paesaggio ruvido, difficile e ombroso. Osservando le coltivazioni, quasi arrampicate sui terrazzamenti costruiti lungo tutta la strada, all'interno delle profonde gole montane, non è difficile percepire tutta la fatica della comunità contadina di queste parti, che molto ebbe a combattere contro una natura avversa e un territorio decisamente impervio.

Fig. 9. *Coltivazioni a terrazza*

Il paesaggio continua ad alternarsi così, tra distese di colline basse e soleggiate che d'improvviso si fanno quasi monti, ingoiandoci in vallate buie e silenziose.

Giunti alle porte del piccolo paese di **Sant'Ellero**, svoltiamo a sinistra sulla provinciale 88 che porta in direzione di Tosi e Vallombrosa. Lungo la strada incontriamo la Fattoria di Petrognano, che oltre a offrire comodi ed eleganti alloggi ricavati dalle vecchie case poderali, ci accoglie negli spazi della sua vendita diretta dove è possibile acquistare vino, olio e i prodotti di stagione dell'orto.

Grazie alla grande ricchezza di folti boschi, fin dall'antichità l'economia della zona ha affiancato allo sfruttamento agricolo lo sfruttamento e la produzione di legname. La tradizione di falegnameria si è sviluppata crescendo nel corso dei secoli, seppure oggi traccia di questo antico mestiere si possa rintracciare solo nella piccola zona circostante il paese di Tosi.

Fig. 10. *Legname nella foresta di Vallombrosa*

Siamo ormai entrati nel Comune di Reggello, che a buon diritto viene celebrato come il paese dell'olio per l'eccellente varietà di extravergine d'oliva prodotto in tutta la zona. Caratterizzato dal tipico colore verde intenso e dal suo gusto forte e piccante, l'olio prodotto in tutta l'area di Reggello viene spremuto rigorosamente a freddo, mediante l'utilizzo di imponenti macine di pietra, così come si è soliti fare in terra di Toscana da sempre.

Ma riprendiamo il viaggio e attraversiamo i piccoli suggestivi abitati di **Donnini** e di **San Donato in Fronzano**. Un bivio sulla destra ci indica la bella Fattoria degli Usignoli, un enorme ed elegante complesso alberghiero, ricavato da un'antica fattoria edificata intorno al XV secolo dai frati di Vallombrosa. Ancora intatta la struttura principale, con l'ampio porticato ad archi e la bellissima tinaia, oggi allestita come un'insolita e suggestiva sala ristorante. La fattoria offre un ampio menu ispirato alla cucina classica toscana, seppure in parte rivisitato e arricchito con fantasiosa inventiva. Fiore all'occhiello della grande struttura è infatti proprio la scuola di cucina, dove si tengono settimanalmente numerosi corsi aperti a tutti coloro che avessero la curiosità di apprendere i segreti delle antiche ricette tradizionali toscane, condite con qualche originale novità e rigorosamente prodotte con i genuini frutti dell'agricoltura locale.

Ci troviamo in una zona dove l'agricoltura classica ha mantenuto nei secoli il primato su tutte le attività collaterali. Gli antichi poderi di un tempo si reinterpretano oggi in chiave di vendita diretta di prodotti agricoli genuini e naturali, coltivati con la stessa cura di un tempo. Lungo il nostro passaggio si moltiplicano i cartelli che ci invitano alla degustazione e all'acquisto degli ottimi prodotti locali.

MUSEO MASACCIO D'ARTE SACRA A CASCIA DI REGGELLO

Fig. 11. *Oliveti*

Ma è l'olio il vero re di questo territorio. Decisamente speciale, sia per la favorevolissima posizione geografica e climatica, sia per la lavorazione dei suoi frutti che nella zona di Reggello vengono ancor oggi trattati con l'antico metodo della spremitura a freddo.
Sulla destra al bivio che introduce verso la frazione di **Fabbrica** un cartello ci segnala la Fattoria degli Ulivi, una bella villa oggi adibita ad azienda agricola e agriturismo che domina sulle colline che dal Pratomagno iniziano a degradare in direzione del Valdarno.
Proseguiamo e passiamo il borgo di **Pietrapiana** dove un'insegna ci permette di mettere a fuoco un'altra delle attività legate al mondo contadino, seppure alternative alla coltivazione diretta. Il taglio della pietra per la produzione di materiali da costruzione è antico di secoli. Il mestiere, che nasce da esigenze contingenti della famiglia contadina, si è oggi reinterpretato in base a

usi e costumi del mondo moderno. Affacciandoci alla bottega di Ennio Sottili scorgiamo caminetti e suppellettili varie in pietra, sculture e oggetti d'uso. Qui la pietra si lavora ancora come un tempo, con la fatica, con l'antica sapienza e con il semplice aiuto di martello e scalpello.

La strada ci immette a questo punto nel paese di **Reggello**, ma procedendo a sinistra e svoltando subito a destra ci dirigiamo verso la bellissima pieve di San Pietro a Cascia.

Percorsi pochi metri ce la troviamo di fronte, bellissima in tutta la sua sfacciata semplicità. Passeggiando per le vie del paese ci facciamo distrarre dalle infinite segnalazioni di aziende agricole, ristoranti, enoteche e frantoi. Già, perché ci troviamo ancora a Reggello, dove si produce uno dei più eccellenti oli extravergine di Toscana. A pochi metri dalla pieve è il Frantoio Santa Tea, un bellissimo complesso agricolo posto sull'altopiano di Reggello dove l'olio si produce addirittura fin dal 1426, ad attestarlo un'incisione su una pietra posta all'interno degli antichi locali del frantoio. Vale la pena fare una visita al piccolo museo dell'olio allestito all'interno, dove sono conservati gli strumenti utilizzati per la produzione fin dall'antichità. L'imponente macina e l'antico torchio sono un'affascinante testimonianza dell'antica tradizione olivicola toscana. Per chi infine non sa resistere ai piaceri della tavola, il frantoio offre anche una piccola bottega di vendita dove è possibile degustare e quindi acquistare le migliori selezioni di oli extravergine d'oliva locali, nonché appetitose salse a base di verdure di stagione e ovviamente olio d'oliva.

Passeggiando per le vie del centro di Cascia, proprio di fronte alla pieve, troviamo l'Osteria Masaccio che ci invita alla lettura del suo ricco menu tutto toscano, dove spiccano i migliori piatti dell'antica tradizione culinaria locale.

La tipica cucina di queste zone si basa sulla tradizione povera e genuina diffusa un po' in tutta la Toscana. Così spiccano le classiche zuppe di vegetali o legumi, a cui spesso e volentieri si aggiungono pezzi di pane raffermo per renderle più sostanziose e nutrienti; così i sughi di carne, ottenuti dagli avanzi di vari tipi di carni che la famiglia contadina era usa consumare una sola volta a settimana, generalmente la domenica. Una catena di riciclaggio alimentare, nata per ovvie necessità contingenti, che oggi viene riscoperta in tutto il suo gusto e la sua genuinità.

Nasce proprio così uno dei più tipici prodotti della Montagna Fiorentina e della bassa Val di Sieve: il "bardiccio", un particolare tipo d'insaccato, ottenuto dal recupero di varie parti di carni suine e bovine, comprese le interiora, e infine aromatizzato con semi di finocchio. Dal tipico colore rosso intenso, dovuto alla presenza di cuore bovino, il Bardiccio si consuma tradizionalmente cotto alla griglia oppure, una volta stagionato, può diventare una saporita variante per ripieni e zuppe vegetali. Si tratta di un prodotto antico, oggi purtroppo quasi scomparso, che in passato veniva preparato all'interno della famiglia contadina, per essere poi conservato e consumato nel corso dell'anno.

Simile la situazione di un altro prodotto tipico della zona, il fagiolo zolfino, oggi addirittura al centro di alcuni dibattimenti all'interno del Dipartimento di Scienze Agronomiche e Gestione del Territorio Agroforestale dell'Università degli Studi di Firenze su specifica richiesta della Comunità Montana del Pratomagno. Al centro di questi dibattiti il tentativo di migliorare e incrementare la produzione ormai pressoché scomparsa di questo tipico fagiolo dalla forma rotonda e dal tipico colore giallo. Un tempo si era soliti cucinare questi fagioli "al fiasco", ovvero inseriti in un fiasco da vino con acqua, aromi, pomodoro fresco, sale, pepe e un filo d'olio d'oliva. Il contenitore veniva quindi posto nel camino e ricoperto fino al collo da brace ardente. Oggi purtroppo la produzione del fagiolo zolfino è relegata quasi esclusivamente all'orto di pochi contadini della zona del Pratomagno, sempre più difficile trovarne testimonianza nei nostri mercati.

Fig. 12. *La via dei Sette Ponti*

Dopo questa breve digressione culinaria, lasciamo Cascia, per procedere in direzione della poco distante **Pian di Scò**.

La strada che percorriamo, la provinciale 1 detta dei Sette Ponti, è dominata lungo tutto il suo percorso dalla catena del Pratomagno in un continuo alternarsi di paesaggio montano e collinare, agricolo e boschivo, dotato di un fascino misterioso che vale veramente la pena di godersi attraversandolo con calma e spirito di osservazione.

E non può sfuggire neanche all'occhio più distratto, sulla destra, quasi a ridosso della strada, la bella Fattoria Medicea I Mandri.

Il grande complesso, di origine cinquecentesca, fu restaurato e in parte modificato nel corso del XVII secolo. L'attuale struttura si deve a una radicale modifica del piano architettonico operata in epoca lorenese. La splendida villa, mantenuta intatta, fu così collegata al piccolo borgo circostante e quindi dotata del frantoio e di altri stabili agricoli, così come la vuole la classica conformazione architettonica rurale toscana. Interessantissimo il giardino interno, dove è ancora visibile un complesso sistema per l'irrigazione ottenuto grazie alla concomitanza di più vasche in pietra serena e la splendida cantina, appartenente al primo nucleo abitativo, scavata nella pietra lungo tutto il perimetro della villa e del piazzale antistante. La Fattoria i Mandri è ancor oggi attiva nella produzione di olio e vino, ai quali sono dedicati oltre dieci ettari del terreno circostante. Al suo interno, un piccolo locale adibito a degustazione e

Fig. 13. *La Fattoria di Mandri*

vendita dei prodotti della fattoria, tra cui l'ottimo vino "Riserva di Mandri".
Siamo ormai alle porte di **Pian di Scò**, antico Comune praticamente equidistante da Firenze e Arezzo che ci offre un esempio speciale di paesaggio rurale toscano. Qui i folti boschi di faggi e castagni lasciano brevi spazi allo sfruttamento agricolo della terra. Ma l'ingegno dell'uomo ha saputo vincere su una natura avversa con faticosi anni di lavoro. Lungo tutta la strada, dietro robusti muri a secco, godiamo di un panorama del tutto insolito: terrazzamenti, ricavati lungo le profonde gole montagnose, ospitano ordinatissimi filari di vigneti e oliveti, abbondanti e ben curati, la cui produzione ha poco da invidiare alle distese lievemente collinose di gran parte di Toscana.
Da notare anche i calanchi, che ritroveremo anche nelle campagne della vicina Castelfranco e in pochi altri Comuni della zona. Si tratta di un fenomeno unico, nato

Fig. 14. *"Balze"*

Fig. 15. *"Balze". Particolare*

probabilmente da un processo erosivo che scavando per millenni attraverso la friabile collina ha prodotto queste curiose balze che assumono un colore giallo-rossastro, probabilmente per il riaffiorare di resti fossili, e la cui struttura sempre diversa a seconda dell'intensità e profondità dell'erosione le fa somigliare a opere d'arte scultorea incompiute e abbandonate a guardia perenne dei boschi che le ospitano e spesso avvolgono.

Simile in tutto il paesaggio che ci conduce alle porte di **Castelfranco di Sopra**, situato nel versante valdarnese del Pratomagno. Siamo già in provincia di Arezzo e questa caratteristica cittadina medievale rappresenta un'interessantissima testimonianza delle così dette "Terre Nove", il complesso di Comuni costituiti nella zona del Valdarno superiore dalla Repubblica Fiorentina, intenta a stroncare lo strapotere feudale ampiamente diffuso nella zona e allargare la propria politica espansionistica fino alle porte di Arezzo. Come gli altri Comuni appartenenti al nucleo due e trecentesco delle Terre Nove del Valdarno, Castelfranco ha un impianto urbanistico perfettamente geometrico che prevede la distribuzione a raggiera del paese a partire da un nucleo centrale costituito dalla piazza principale.

Nell'immediato circondario sono ancora le splendide balze a stupire ed emozionare lo sguardo. In località **Piantravigne**, si trova la sorgente dell'Acqua Zolfina, da cui si snodano le omonime balze. Luoghi abitati da fate e demoni, così come vuole la fantasiosa tradizione popolare, oggi mantengono inalterata la particolarissima struttura da cui, si dice, fosse affascinato Leonardo da Vinci e proprio a questo paesaggio si ispirasse per delineare gli sfondi di alcune delle sue opere pittoriche.
Procedendo sulla Setteponti e superato l'abitato di Montemarciano, ci troviamo alle porte del suggestivo paese di **Loro Ciuffenna**. Quasi appollaiato sull'omonimo torrente che scorre nella profonda gola che lo attraversa in tutta la sua estensione, questo paese di origine etrusca, che fu antica proprietà dei Conti Guidi, fino a quando Firenze ne fece una delle sue Terre Nove del Valdarno, Loro Ciuffenna mantiene inalterata l'antica struttura architettonica medievale. Il suo affascinante centro storico si caratterizza per le antiche abitazioni intrecciate in un suggestivo dedalo di piccole vie. La strategica posizione geografica che ne faceva uno degli ultimi avamposti fiorentini del Valdarno, prima di arrivare al fondovalle, fece sì che a Loro si sviluppassero nel corso dei secoli alcune attività produttive di un certo rilievo, in particolare la lavorazione dei panni di lana. Sul torrente vennero costruiti almeno tre mulini fra Trecento e Quattrocento, tutti adibiti alla gualcatura delle lane provenienti da Firenze.
Nei secoli successivi anche la lavorazione della seta ebbe un notevole sviluppo all'interno del paese, tanto che un'ampia documentazione rileva l'immigrazione verso Loro e verso altri centri minori dell'area valdarnese di numerosi setaioli fiorentini nel corso di XV e XVI secolo. La produzione di seta accompagnerà la storia di questo paese ancora per molti secoli, tanto che ancora nel-

Fig. 16. *Loro Ciuffenna*

l'Ottocento si parla di una fiorente manifattura serica nella zona, grazie anche ad una sempre maggiore specializzazione nella bachicoltura che incrementava progressivamente l'attività delle filande.

Oggi Loro è un paese pittoresco, ma quasi disabitato. La maggior parte della popolazione è ormai impegnata nelle grandi industrie che si sono sviluppate nel fondovalle, dove la produzione di grandi marchi legati soprattutto al settore tessile e all'abbigliamento ha catalizzato gran parte della forza lavoro presente sul territorio.

Passeggiando per il paese quasi vuoto, dove fa eco solo il torrente che scorre quasi ai nostri piedi, un gruppo di donne ci fa crocchio intorno: «Qui in paese non c'è più nessuno – raccontano – anche la sera, se esci a fare una passeggiata, non trovi più nessuno. Un tempo c'e-

ra gente, c'erano tanti giovani, dovevate vedere com'era Loro qualche anno fa». A noi sembra comunque un paese bellissimo, pittoresco e pieno di suggestioni.
Siamo ormai giunti quasi al fondovalle, poche curve e la Strada provinciale della Penna ci ricongiunge verso Terranova Bracciolini e Incisa Valdarno dov'è possibile imboccare l'autostrada A1 che ci riporterà verso Firenze. Il viaggio sarà indubbiamente più breve, ma non ci regalerà le stesse emozioni.

*La selezione delle aziende è stata realizzata a discrezione degli autori e non può considerarsi in alcun modo esaustiva rispetto alle aziende presenti nell'area citata. Si ringraziano le aziende artigiane e le strutture ricettive per la disponibilità a collaborare durante la fase di ricerca. Un particolare ringraziamento alla Fattoria di Lavacchio per la collaborazione e per la gentile concessione di alcune immagini.*

MUSEO MASACCIO D'ARTE SACRA A CASCIA DI REGGELLO

## Aziende artigianali ed enogastronomiche

MONASTERO DI SANTA MARIA
A ROSANO
Info 055 8303006

VI.C.A.S SRL
Via Tifariti, 12
50035 Pontassieve (FI)
Tel. 055 8314020
Fax 055 8367363
info@vicas.it

BIANCO BIANCHI
Via Lisbona, 4/E
50065 Pontassieve (FI)
Tel. 055 8314509
Fax 055 686118
www.biancobianchi.com
info@biancobianchi.com

FATTORIA LAVACCHIO
Via Montefiesole, 55
50065 Pontassieve (FI)
Tel. 055 8317472
Fax 055 8317395
info@fattorialavacchio.it

FATTORIA PETROGNANO
Località Sant'Ellero
50066 Reggello (FI)
Tel. e fax 055 690230/055 860230
Mobile 335 6168833
www.agriturismopetrognano.it

FATTORIA DEGLI USIGNOLI
Località San Donato
in Fronzano
50066 Reggello (FI)
Tel. 055 8652018
Fax 055 8652270
www.usignoli.it

FATTORIA DEGLI ULIVI
Località Fabbrica
San Donato in Fronzano
50066 Reggello (FI)
Tel. 055 8652019
Fax 055 319020
www.fattoriadegliulivi.it

SOTTILI ENNIO E FIGLI
Via A. Costa, 9
Località Pietrapiana
50066 Reggello (FI)

FRANTOIO SANTA TEA
Via De Nicola, 41
Località Cascia
50066 Reggello (FI)
Tel. 055 869140/055 868117
Fax 055 869142
www.santatea.it

RISTORANTE OSTERIA MASACCIO
Piazza San Pietro, 13
Località Cascia
50066 Reggello (FI)
Tel. 055 8667407

VILLA I MANDRI
Via dei Sette Ponti, 42
50066 Reggello (FI)
fattoriamandri@inwind.it
www.fattoriadimandri.com

agliante. L'arcange[lo]... con una veste bianca; so[rre]gge un giglio (il suo attributo ramo di ulivo. Attributi ri[feriti a] Maria sono: il giglio bian[co segno] di verginità e purezza; il va[so che es]so lo contiene, simbolo del[l'Incarnaz]ione; il libro del quale inter[rompe la] lettura all'arrivo dell'angelo.

## [Anti]fonario

[...] arziale del *Messale* che racco[glie le] antifone (canti alternati) che la [tradizi]one dice raccolte da San Grego[rio Ma]gno (secolo VI). Contiene l'in[cipit e] talvolta l'intero testo – dei can[ti – con] le relative notazioni musicali.

## [Antonio] di Girolamo di Ugolino (Firenze, 1479-1556)

[Mi]niatore, iscritto nel 1500 all'Arte [dei] Medici e degli Speziali, aveva una [fio]rente bottega al canto dei Pazzi; si [di]stingue per lo stile sobrio ed ele[g]ante dalle composizioni vivaci; co[s]tante è il tono intimo e domestico con il quale l'autore è solito illustrare la storia sacra.

## Architrave

In architettura, l'insieme degli elementi orizzontali sostenuti da colonne o pilastri.

## Argentatura

V. *doratura*.

## Arme

Il corredo distintivo costituito dallo scudo, dagli ornamenti e dai contrassegni onorifici di una famiglia o di un ente.

## Assunzione della Vergine

L'Assunzione è il momento in cui l'anima della Vergine, riunita al corpo, viene insieme a questo sollevata dagli angeli verso il Paradiso. La Vergine è spesso rappresentata al centro di una mandorla. Nell'iconografia tradizionale è sormontata dal Padre benedicente; talvolta viene incoronata da parte del Figlio (Incoronazione della Vergine). Il soggetto, affermatosi per la prima volta nella scultura gotica, conosce grande diffusione durante la [Contro]riforma cattolica.

Scultore formato[si tra il] 1505 e il 1515, lavora su presti[giose] commissioni fiorentine e francesi. Tra le sue opere si segnalano: l'*Arca sepolcrale di san Giovanni Gualberto* per la chiesa di Santa Trinita, ora in quella di San Salvi, e la tomba del gonfaloniere Pier Soderini per la chiesa del Carmine, entrambe a Firenze.

## Bernardiniano simbolo

V. *monogramma*.

## Boroni, Giuseppe (notizie dal 1787 al 1830)

Orafo, figlio del maestro Bartolomeo, che aveva eseguito numerose opere per la basilica Vaticana, teneva una bottega a Firenze, insieme ai fratelli. Nella sua ampia produzione si riscontra spesso l'eleganza raffinata propria dell'argenteria neoclassica romana.

## Borsa (o busta)

Custodia piatta per contenere il *corporale* formata da due quadrati rigidi decorati; i suoi colori variano a seconda del calendario liturgico. Si usa va appoggiata sul *calice*.

## Broccato

*Tessuto* a grandi disegni operati, di seta, lino, canapa, talvolta con fili d'oro e d'argento, i cui intrecci mostrano un caratteristico effetto in rilievo.

## Bulino

Utensile costituito da una piccola asta d'acciaio con un'impugnatura di legno; la caratteristica punta a becco produce un taglio acuto, mentre quello della ciappola, strumento analogo, può essere di varie forme (tondo, piano, rigato).
V. *incisione; sbalzo*.

## Calice

Suppellettile ecclesiastica costituita da una coppa sostenuta da uno stelo e provvista di base. Viene usato per il vino che, durante la celebrazione eucaristica, diviene il sangue di Cristo.
V. anche *patena*.

## Candeliere

Sostegno in legno, metallo, ceramica [o altro ma]teriale, destinato a reggere

## Cartella

Tabella che accoglie [iscrizioni o an]che semplici ornati.

## Cartiglio

Elemento decora[tivo dipinto o] scolpito, che ripro[duce una bandi]na o un rotolo, d[...] quale sono rip[ortate] iscrizioni o stem[mi].

## Cesellatura

Operazione di [rifinitura della su]perficie di ogg[etti in metallo, fat]ta mediante c[esello].

## Cesello

Strumento [...] differenziat[o ...] martelletto [...] abbassa la s[...] tarne la m[...]
V. anche s[...]

## Codice

Manosc[ritto...] carte rile[gate...] e poi di [...] *volume* [...] rotolo, [...] decora[...]

## Conch[iglia]

L'im[...] re, è [...] cris[...] gio [...] pel[...] da [...] p[...] st[...] o[...]

# Glossario

*Francesca Sborgi*

### Abside
Struttura architettonica a pianta semicircolare o poligonale, solitamente rivolta, nella chiesa cristiana, verso oriente, a conclusione della navata centrale, o di quelle laterali, di una cappella o del coro.

### Affresco
Tecnica di pittura murale basata sull'incorporazione dei colori alla calce dell'intonaco, che grazie alle particolari modalità esecutive offre straordinaria durevolezza dell'opera nel tempo. Il supporto murario asciutto e pulito è preparato con un primo strato grossolano d'intonaco (il *rinfazzo*) sul quale è steso uno strato più sottile, detto *arriccio*. Sull'arriccio è tracciata con terra rossa la *sinopia* (disegno preparatorio dell'opera, sostituito dal Quattrocento dallo *spolvero* e poi dal *cartone*). È quindi steso il *tonachino*, strato leggero di sabbia fine mista a calce, sul quale l'artista dipinge l'opera con colori mescolati con acqua. La caratteristica principale dell'affresco è la rapidità di esecuzione richiesta all'artista, che deve applicare il colore sull'intonaco fresco, senza lasciarlo asciugare. Per questo motivo la porzione di superficie da affrescare viene preparata quotidianamente (sono le cosiddette *giornate*), in rapporto al lavoro che si prevede di portare a termine. *Pentimenti*, correzioni o completamenti dell'opera sono apportati a secco, usando colori a *tempera* (v.).

### Ampollina
Vasetto in vetro o metallo con corpo globulare e collo sottile, talvolta dotato di manico ad ansa e beccuccio, usato per contenere l'acqua e il vino eucaristici o gli oli sacri.

### Apicale (crocetta -)
Piccola croce solitamente posta sulla sommità del coperchio di teche o pissidi.

### Architrave
Elemento architettonico orizzontale che poggia sopra i capitelli di colonne, pilastri o stipiti.

### Aspersorio
Strumento a forma di piccola sfera traforata, talvolta provvista di setole, dotato di manico, usato per spruzzare d'acqua benedetta persone o cose.

### Baccellatura
Motivo decorativo costituito da elementi convessi, a rilievo o a incavo (*baccelli*) ottenuti dalla stilizzazione di un baccello vegetale.

### Bacile
Bacinella per la lavanda delle mani, usata insieme alla *brocca* (v.) o al *mesciacqua*, piccolo contenitore con beccuccio funzionale a versare l'acqua.

### Bandella
Risvolto della sovraccoperta di un libro.

### Bordone
Grosso e lungo bastone con manico ricurvo, caratterizzante l'iconografia dei santi pellegrini.

### Brocca
Vaso con manico e beccuccio utilizzato per versare acqua nelle abluzioni liturgiche; di forma solitamente ad anfora, spesso riccamente decorato a *sbalzo* (v.) e *cesello* (v. *Cesellatura*), è usato insieme al *bacile* (v.).

**Broccato**
Tessuto di seta, lino o canapa, di complessa e lenta lavorazione, particolarmente pregiato, caratterizzato da disegni operati, con intrecci che producono un peculiare effetto a rilievo.

**Bulino**
Utensile a forma di asta con manico in legno e punta in acciaio (*naso* o *becco* del bulino) usato per incidere metalli, legno e cuoio a fini ornamentali (cfr. *Incisione*).

**Busta**
Custodia per il corporale, di forma quadrata, fatta di stoffa decorata cucita su un supporto di cartone, usata appoggiata al *calice* (v.).

**Calice**
Vaso liturgico di forma conica, poggiante su uno stelo con base, usato nella Messa per la consacrazione del vino in Sangue di Cristo. Data la sua centralità nella funzione liturgica, è solitamente riccamente decorato e realizzato in materiali pregiati e non deperibili. La coppa è in rame dorato o in argento dorato all'interno; lo stelo e la base possono essere di altri materiali, eccettuati il vetro e l'avorio, non incorruttibili.

**Camice**
Lunga veste liturgica di lino bianco, con apertura per la testa e le maniche, usata nella celebrazione della Messa e in altre funzioni eucaristiche.

**Campanello**
Piccolo oggetto a forma di campana, con impugnatura, usato in precisi momenti della funzione liturgica come segnale.

**Candeliere**
Sostegno in legno, metallo o altri materiali per una sola candela.

**Capitolare** (sala -)
Spazioso ambiente destinato, in un convento, in un *monastero* (v.) o in una cattedrale, alle riunioni del *capitolo* (collegio dei canonici e dei monaci).

**Capitoli** (libro dei -)
Libro che raccoglie, divise in *capitolazioni*, notizie storiche relative alla fondazione e tutte le norme che regolano la vita quotidiana e le funzioni religiose di un ordine.

**Cesellatura**
Fine lavoro di decorazione di un oggetto metallico, ottenuto tramite il *cesello*, piccolo scalpello d'acciaio con punta arrotondata, provvisto di testa variamente sagomata a seconda della forma cercata, che, battuto con un martelletto, imprime la superficie metallica senza inciderla.

**Conopeo**
Drappo di seta che ricopre il *ciborio* o la *pisside* (v.).

**Cotta**
Veste liturgica bianca, scendente fino al ginocchio, con ampie maniche.

**Croce**
Oggetto che può essere realizzato in vari materiali, formato da due assi incrociati perpendicolarmente, divenuto, con o senza Cristo Crocifisso, il simbolo più caratterizzante della religione cristiana. La *croce astile* o *processionale*, solitamente in metallo, è posta sulla sommità di un'asta e usata nelle processioni. È decorata con mo-

tivi incisi o sbalzati su entrambi i lati (*recto* e *verso*).

## Cuspide
Coronamento a forma triangolare di un dipinto su tavola; anche detto di elemento decorativo a forma di appuntito triangolo.

## Damasco
Tessuto di antichissima origine orientale che prende il nome dalla città di Damasco, famosa per la sua produzione. Si caratterizza per l'ordito e la trama dello stesso colore, che formano disegni lucidi su fondo opaco. Può essere *lanciato* o *broccato*.

## Doratura
Tecnica usata per ricoprire d'oro, in polvere o in foglia, supporti di metallo, legno, cuoio e altri materiali. Per la doratura del metallo, viene utilizzato il procedimento dell'amalgama, come indicato da Benvenuto Cellini: sulla superficie metallica è disteso uniformemente un composto di oro puro e mercurio che evapora al contatto con il metallo opportunamente riscaldato, permettendo così all'oro di aderire al supporto.

## Edicola
Piccolo edificio, indipendente o parte di un complesso maggiore, a forma di tempietto o di tabernacolo, che accoglie una statua o un'immagine sacra.

## Espositorio
Supporto solitamente in legno per l'esposizione di reliquie e immagini devozionali.

## Ex voto
Oggetto offerto in dono a Dio, alla Vergine o a un santo per grazia ricevuta o come adempimento a una promessa.

## Fusione
Tecnica per ottenere opere scultoree attraverso una colata di metallo fuso dentro uno stampo, realizzabile *in pieno* (il metallo è colato dentro una forma vuota e la riempie completamente; si ottiene una scultura massiccia) o *in cavo* (il metallo è colato in una forma chiusa e fuso in strato molto sottile).

## Gesso
Minerale presente in natura (solfato di calcio idrato) usato, mescolato ad acqua, per preparare le tele o tavole da dipingere (*imprimitura*) e per eseguire *calchi* e modelli da statue e rilievi o stucchi.

## Gros
Tessuto derivato dal taffetas; assume un tipico aspetto a sottili coste orizzontali.

## Icona
Immagine sacra, dipinta generalmente su tavola, a volte anche su tela e vetro, tipica della cristianità orientale, raffigurante Cristo, la Madonna o un santo in posa ieratica.

## Incisione
Immagine ottenuta su un supporto di legno, di metallo o di pietra attraverso un lavoro d'intaglio a mano con vari strumenti – *bulino* (v.), *puntasecca*, *pettine*… – o attraverso un processo chimico che utilizza acidi corrosivi. Dal disegno su supporto così ottenuto, detto *matrice*, possono essere tirati gli esemplari a stampa. Per estensione, con il termine si indica sia l'esemplare così ottenuto, che il com-

plesso di tecniche usate per la realizzazione dell'immagine e la riproduzione a stampa.

**Intaglio**
Tecnica di lavorazione a scavo di legno, gemme, avorio, marmo che si realizza incidendo con strumenti metallici la traccia di un disegno appositamente predisposto.

**Insegna**
Complesso di segni e attributi che identificano lo stemma di una famiglia, di una città, di un'associazione civile o religiosa; asta adorna dei simboli iconografici della Passione, usata nelle processioni rituali.

**Lampasso**
Tessuto operato, di origine cinese e di grande pregio, spesso arricchito di trame d'oro o d'argento, dall'aspetto pesante. Il disegno è formato da trame supplementari su una trama di fondo solitamente in raso o taffetas.

**Lanceolate** (foglie -)
Letteralmente, a forma di lancia, ovvero di forma ellittica allungata con estremità appuntite.

**Lanciato**
Effetto di disegno sul dritto di un tessuto, formato da una trama supplementare (*trama lanciata*), lavorata da cimosa a cimosa.

**Leggìo**
Sostegno per i libri liturgici destinato a mantenerli aperti e in posizione opportuna per la lettura, solitamente collocato, in chiesa, nella zona presbiteriale antistante l'altare.

**Liage répris**
Legatura delle trame supplementari di un tessuto per opera dell'ordito di fondo.

**Liséré**
Effetto di disegno di un tessuto ottenuto dalla trama di fondo che esce sul dritto. Se il motivo è di piccole dimensioni non necessita di fermatura; altrimenti è legato al tessuto di base con fili dell'ordito di fondo (*liage répris*, v.), o con un ordito supplementare (*ordito di legatura*).

**Lumeggiatura**
Tecnica attraverso la quale il pittore ottiene l'effetto di riflessi luminosi, facendo risaltare certe parti dell'opera mediante l'applicazione di tocchi di colori chiari, di bianco, o di oro, su zone più scure.

**Mantella**
Sopravveste a ruota senza maniche, indossata sulle spalle come rifinitura e in pendant all'abito.

**Manipolo**
Indumento liturgico, costituito da una stretta banda di tessuto, dello stesso colore della *pianeta* (v.); in passato era indossato dal sacerdote sull'avambraccio sinistro, legato da nastri, durante la Messa.

**Miniatura**
Derivato da "minio", pigmento rosso-cinabro usato per colorare le iniziali dei manoscritti, il termine indica la raffinatissima arte d'illustrare i codici su pergamena. Per estensione, la parola è usata in riferimento anche a qualsiasi dipinto di piccolo formato, eseguito su avorio, carta, rame o

altro supporto, che presenti estrema dovizia di particolari.

**Mitra**
Copricapo di forma allungata formato da due parti piatte a forma di scudo (*cornua*) e da due nastri ricadenti sulle spalle (*vittae*), talvolta dorato e adorno di gemme, indossato da papi, cardinali, vescovi e da alcuni abati e prelati in occasione di solenni funzioni liturgiche.

**Monastero**
Edificio organizzato autonomamente dove abitano monaci, canonici regolari o monache appartenenti a un determinato ordine religioso.

**Monogramma**
Sigla risultante dall'intreccio di lettere di una o più parole, incisa o ricamata su suppellettili e indumenti liturgici oppure dipinta.

**Nappa**
Ornamento per indumenti o parati, ottenuto da un mazzetto di fili riuniti e annodati a un'estremità.

**Navicella**
Recipiente liturgico di forma allungata, dotato di due valve apribili come coperchio nella parte superiore, destinato a contenere i grani d'incenso, da far bruciare sui carboni nel *turibolo* (v.).

**Nicchia**
Incavo ricavato nello spessore di un muro, di forma solitamente semicircolare oppure rettangolare o semipoligonale, destinato ad accogliere una statua o altro oggetto decorativo.

**Niello**
Lavoro di oreficeria consistente nel riempire i solchi ottenuti con un'*incisione* a *bulino* (v.) di una superficie metallica con una pasta nera (*nigellum*).

**Nodo**
Rigonfiamento nel fusto di un ostensorio, di un calice, di un candeliere o di altro oggetto in metallo rialzato su uno stelo, che può avere diverse forme: piriforme (allungato a pera), a vaso, ad anfora, a disco.

**Olio** (pittura a -)
Tecnica di pittura su tavola o tela in cui il colore è ottenuto mescolando pigmenti a oli vegetali grassi (di lino, di papavero, di noce) con l'aggiunta di oli essenziali (essenza di trementina), che rendono i colori meno vischiosi e più trasparenti. Il colore è steso su una base preparata precedentemente (*imprimitura* e, nel caso della tela, *mestica*) con gesso e colla, e poi ricoperto da *vernice* trasparente a fini protettivi e per ottenere una maggiore brillantezza. La tecnica, di origine antichissima, è perfezionata nel XV secolo dall'arte fiamminga e trova poi vasta diffusione nel resto d'Europa; permette di ottenere una gran varietà di risultati, grazie all'ampia gamma dei pigmenti utilizzati e ai diversi possibili rapporti fra i vari strati di colore.

**Oli santi** (contenitori per -)
Oggetti liturgici usati per contenere l'olio di oliva consacrato dal vescovo e usato per il battesimo, la cresima, la consacrazione dei nuovi sacerdoti, l'estrema unzione agli inferni e agli ammalati.

### Oratorio
Luogo sacro destinato alla preghiera e al culto di un gruppo ristretto di fedeli (una comunità o una famiglia).

### Ostensorio
Suppellettile liturgica, a forma di tempietto in epoca medievale e poi, dal tardo XVI secolo, di sole raggiato, nella quale si racchiude l'ostia consacrata, per presentarla all'adorazione dei fedeli, all'interno della chiesa o in occasione di processioni.

### Pace
Prezioso oggetto di piccole dimensioni, realizzato in materiali diversi, ma generalmente in metalli preziosi (oro e rame) smaltati e finemente decorati, destinato al bacio dei fedeli in determinate circostanze o alla devozione privata.

### Paliotto
Paramento in marmo o pietra scolpita, in avorio o metallo sbalzato e cesellato, o tessuto solitamente in seta, che serve a rivestire la parte anteriore dell'altare, la mensa, che, in quanto sacra, deve rimanere invisibile.

### Palmatoria
Piccolo candeliere liturgico da tenersi nel palmo della mano, utilizzato per la lettura del Messale.

### Palmetta
Elemento decorativo d'ispirazione vegetale, costituito da un numero dispari di foglie disposte a ventaglio.

### Parato
Complesso dei paramenti liturgici indossati nella celebrazione della Messa; è detto *in terzo* quando è costituito da *pianeta* (v.) e *stola* (v.) del celebrante, *tonacella* (v.) e *stola* del diacono, *piviale* (v.) dell'assistente; è invece detto *in quarto* con l'aggiunta di una *tonacella*. L'aspetto formale del parato stabilisce il grado gerarchico di appartenenza, mentre i colori variano nel corso dell'anno, indicando i diversi momenti liturgici. Il bianco (o argento), indicante purezza e maestà, è usato nelle feste del Signore, della Madonna, dei santi confessori e non martiri. Il rosso, colore della Passione e del sangue di Cristo, è prescritto per Pentecoste, nella domenica delle Palme, nella festa della Croce, degli Apostoli e in tutte le celebrazioni di martirio. L'oro (o giallo) è raccomandato nelle festività solenni, come il Natale e la Pasqua. Il verde, colore della speranza nella vita eterna, è usato nelle messe infrasettimanali e domenicali del tempo ordinario. Il viola, colore di pentimento che rimanda alle percosse della Passione di Cristo, è usato in Avvento e Quaresima e, in sostituzione del nero, come colore indicante caducità, in riti di esequie e di suffragio.

### Pastorale
Bastone conferito ai vescovi nel momento della consacrazione, simbolo della loro autorità e del ruolo di guida ("pastore") che assumono per la comunità. Retto con la mano sinistra, ha forma di lunga mazza, anticamente detta *baculo* e terminante in una palla o croce a forma di "tau"; si evolve successivamente nella caratteristica forma con l'estremità a voluta, detta *riccio*.

### Perizoma
Fascia di tessuto disposta intorno ai fianchi, a coprire la zona inguinale,

particolarmente caratterizzante l'iconografia del Cristo Crocifisso.

### Pianeta
Veste liturgica indossata dal vescovo o dal sacerdote esclusivamente per il rito della Messa, tagliata a goccia, aperta lateralmente e in alto per la testa, derivata dalla foggia del mantello da viaggio di uso tardo-romano, detto appunto *planeta*. Presenta al centro della parte posteriore e anteriore due diversi ornamenti, uno verticale, l'altro a forma di "tau", definiti *colonna* e *croce*.

### Pieve
Termine originariamente indicante, nell'Italia medievale centrosettentrionale, circoscrizioni ecclesiastiche minori, ancora usato in riferimento a edifici ecclesiastici di antica fondazione situati in zone rurali o periferiche.

### Pisside
Contenitore in metallo prezioso, dorato all'interno e chiuso da un coperchio, dove sono conservate le ostie consacrate destinate alla somministrazione ai fedeli durante l'Eucarestia. Viene coperta da un *velo* e custodita nel tabernacolo sopra l'altare.

### Piviale
Manto liturgico di forma semicircolare, aperto sul davanti e chiuso al petto da un fermaglio. Può essere dotato di *cappuccio* sulla parte posteriore, mentre il bordo anteriore, che dalle spalle discende fino ai piedi, è detto *stolone*.

### Punzone
Barretta di acciaio terminante all'estremità con una lettera, un numero o una sigla o un segno particolare, da imprimere sulla superficie di un oggetto metallico per indicarne l'esecutore o l'appartenenza.

### Racemo
Motivo decorativo composto da tralci vegetali stilizzati e intrecciati.

### Refettorio
Nell'edificio ecclesiastico in cui vive una comunità monastica, è l'ambiente per la consumazione dei pasti.

### Reliquia
Parte del corpo o oggetto appartenuto a un santo, a Cristo o alla Vergine e in quanto tale conservato ed esposto alla venerazione dei fedeli.

### Reliquiario
Contenitore di varie forme (a vaso, a cofanetto, a scatola) e materiali, generalmente riccamente ornato, destinato a conservare ed esporre ai fedeli la *reliquia* (v.).

### Sbalzo
Tecnica di lavorazione dei metalli preziosi, consistente nell'*incisione* a *bulino* (v.) e *cesello* di motivi sulla parte posteriore del metallo ridotto a una lastra molto sottile, così da ottenere sulla parte dritta figure a rilievo.

### Secchiello
Contenitore per l'acqua benedetta, usato insieme all'*aspersorio* (v.) per le benedizioni rituali.

### Smalto
Pasta vitrea unita a pigmenti colorati che, con la cottura ad alte temperature, diventa lucida e compatta ed è quindi utilizzata per decorare metalli

e ceramiche. I procedimenti di *smaltatura* su metallo sono prevalentemente due: *champlevé* (lo smalto è versato in piccoli alveoli incavati nel metallo col *bulino*, v.) e *cloisonné* (lo smalto è steso in alveoli leggermente sporgenti sulla superficie metallica, formati da fili metallici intrecciati).

### Stola
Indumento liturgico che insieme al *manipolo* (v.) è in pendant con la *pianeta* (v.); è costituito da una lunga striscia di tessuto indossata sulle spalle e discendente sul davanti, terminante in forma generalmente trapezoidale e decorato da frange e croci. È indossato nelle funzioni liturgiche in modi diversi dagli officianti, a seconda del grado gerarchico: il diacono la indossa sulla spalla sinistra, allacciandola sul fianco destro; il sacerdote intorno al collo e poi incrociata sul petto; il vescovo, invece, discendente in due liste verso il basso.

### Taffetas
Tipologia base di tessuto, chiamato *tela* se è in lino, lana o cotone. Si ottiene dall'intreccio, mediante telaio, di una serie di fili paralleli e mantenuti in tensione (*ordito*), con un'altra serie di fili trasversali (*trama*).

### Teca
Piccolo astuccio destinato a custodire una reliquia oppure l'ostia consacrata da portare ai fedeli ammalati o infermi, o ancora scatoletta metallica dove si conserva la lunetta dell'*ostensorio* (v.)

### Tempera (pittura a -)
Tecnica di pittura che prevede di sciogliere i colori in acqua e di usare come legante con il supporto, adeguatamente preparato con l'*imprimitura*, sostanze organiche agglutinanti non oliose, quali emulsione di uovo, latte, lattice di fico, gomma, cera. Il supporto può variare dalla pietra al metallo alla carta, ma è solitamente legno di pioppo. Comparsa in Europa alla fine del XII secolo, conosce grande diffusione fino all'avvento della *pittura a olio* (v.).

### Tonacella
Tunica trapezoidale indossata dal suddiacono, di fattura simile alla dalmatica del diacono, ma con maniche più lunghe e strette.

### Trabeazione
In architettura, insieme degli elementi orizzontali sostenuti da colonne e pilastri, formata, negli ordini architettonici classici, da *architrave* (v.), fregio e cornice.

### Traccola
Strumento sonoro usato in passato nelle cerimonie religiose della Settimana Santa in sostituzione delle campane. Lo sfregamento del cilindro dentato, collegato alla manovella, su lamelle metalliche, produce suoni secchi e assordanti.

### Trilobato
Detto di forma costituita da tre lobi, ovvero di settori di cerchio disposti in varie tipologie decorative di oggetti o elementi architettonici quali gli archi.

### Trittico
Dipinto composto di tre tavole unite fra loro da una cerniera.

### Turibolo
Recipiente metallico contenente i carboni sui quali brucia l'incenso duran-

te le sacre funzioni, costituito da una coppa con coperchio traforato, così da far uscire il fumo profumato.

**Velluto**
Tessuto caratterizzato da superficie pelosa, costituito da due orditi, uno per il fondo (taffetas, gros de Tours o raso), l'altro per il pelo, ottenuto tramite l'inserimento di un filo lavorato ad anelli per mezzo di ferri (velluto riccio) o del quale possono essere invece tagliate le sporgenze anelliformi (velluto tagliato). Se l'ordito copre interamente l'armatura di fondo, il velluto è detto *unito*. Si dice invece operato nel caso in cui il pelo sia disposto in modo da creare un disegno.

**Velo** (di calice)
Arredo liturgico di forma quadrata, degli stessi colori dei paramenti liturgici ai quali si accompagna (*pianeta*, *manipolo* e *stola*, v.), usato per coprire il *calice* (v.) e la *patena* (il piatto di metallo che copre il calice e contiene l'ostia) durante la Messa.

**Zucchetto**
Copricapo a forma di piccola calotta emisferica, usato dagli ecclesiastici in colori diversi a seconda della gerarchia.

the 1348 plague, was... archbishop of Florence... age and the su...
the centuries by a consid- windows and, from the end of the integral part.
ber of processions. same century, the altars in *pietra sere-*
...sely during this period that *na* (a type of grey sandstone) later
...h became a shrine. The adorned with paintings by 17th centu- ## The Processions o
...renovation, on the basis of ry Florentine painters (Domenico of Impruneta
requirements of its role as a Passignano, Jacopo da Empoli, Mat-
...dopted the model of a Tus- teo Rosselli). "A peste, fame
...vent church, with a hall plan The climax of the religious fervor and, Domine" (i.e., ...
...bled its surface, so as to wel- at the same time, of the deep political *and war, o Lord*
...he growing number of pil- meaning of this image's cult was *the invocation*
...for whom the open galleries of reached during the siege of Impruneta *Virgin of Impr...*
...uare were also constructed, in when the Madonna of Impruneta *fers to Florence,*
...to be used for shelter. The which had remained in Florence dur- *brought the M...*
...h, while preserving only a few ing this whole period, became the *Florence, givi...*
...ic traces, has maintained its 14th symbol of Florentine freedom from *relation that s...*
...ury structure over time. the invader, the true *Regina Repub-* *and the Imp...*
...ring the 15th century, the presence *blicana* (Republican Queen). But *1354, a few ...*
...Bishop Antonio degli Agli, a man with the beginning of the Medici rule, *of 1348. Th...*
...refined culture who was on famil- the *Regina Repubblicana* was trans- *who had los...*
...and friendly terms with Pietro dei formed into the "family Madonna" by *ing this pla...*
...Medici, Marsilio Ficino and Leon the grand ducal dynasty, which was *ica: the M...*
...Battista Alberti, and who was the deeply devoted to the Holy Image. *cause of th...*
...parish priest there from 1439 until the Among the extremely numerous pro- *ended suc...*
year of his death in 1477, represented cessions that marked the climax of the *rains. T...*
a change from the patronage of the cult of the Virgin, the most famous *Madonn...*
powerful Buondelmonti family, ones were that of 1633 to eradicate the *of sacret...*
which had always considered them- plague and that of 1711 to prevent the *back to ...*
selves the founders and legitimate Medici dynasty from dying out. *tween ...*
owners *ex fundatione, dotatione et de-* The shrine, seat of the presence of the *the M...*
*fensione* of Santa Maria, exercising divine power, was rendered shining *with a ...*
their patronage on the church until with gold, a sort of *introibo* to favor *in the ...*
the family died out in the 18th centu- the faithful's encounter with the holy *na u...*
ry. All the 15th century interventions Image. A very rich choir in white lac- *carr...*
on the Santa Maria in Impruneta quered wood, but with a profusion of *bro...*
complex are tied to the personality of gilded decorations occupied the en- *fan...*
Antonio degli Agli, who was a gener- tire inner façade, housing the antique *Fo...*
ous benefactor. From the construc- organ, a rare instrument crafted by *15...*
tion of a second Renaissance cloister, Fra Bernardo Argenta in 1532-1535. A *p...*
built next to the cloister of parish series of large-size paintings inside
priest Stefano Buondelmonti, to the precious frames, with the story of the
construction of a boundary wall that, Virgin's miracles, was hung on the
surrounding the complex with corner side walls while the 16th century altars
towers, gave the church the aspect of were decorated by rich ornaments,
an impregnable fortress, with the ob- and two striking gilded domes in-
ject of enclosing and protecting the creased the height of the aedicules by
*sancta sanctorum*, namely the twin Michelozzo. This sumptuous
aedicules that enriched the church in- baroque aspect characterized the
terior, meant to hold the fundamen- basilica until the last war, when the
tal relics of the Christian doctrine, the senseless air-raid of 28 July 1944 de-
relics of the True Cross donated by the stroyed the church. The reconstruc-
...rriere Pippo Spano and ...that is ...the restoration carried out a...

# English Version

# Masaccio Museum of Sacred Art in Cascia di Reggello

*Caterina Caneva*

The Cascia Museum was created in the shadow of two influential presences: the Parish Church of San Pietro and Masaccio's *Triptych of Saint Juvenal*, both milestones in the historical and artistic heritage of Tuscany, as well as of Italy. With these two masterpieces of art and architecture as central elements, it has been possible to create this new museum that, since 2002, has enriched the Reggello area with its technologically modern and elegantly furnished rooms.

## *The Parish Church*

This church was one of the many Romanesque parish churches that arose along the route of the ancient *Cassia Vetus*, a Roman consular road, a part of which is today incorporated by the or *Via dei Sette Ponti*. Together with its sister parish churches of Pelago, Pitiana, Scò, Gropina and others, it bears witness to the religious as well as civil and administrative importance of those buildings found along the most important routes of communication (and pilgrimage). It was probably built on the site of a more ancient paleo-Christian church, with a nearby defensive Lombard tower later turned into a bell tower. The church acquired its current aspect, a pure and austere Romanesque style, between the end of the $12^{th}$ and the beginning of the $13^{th}$ centuries. The facade, with its harmonious Renaissance portico, closed on the sides in 1569, has a typical sloped roof and is enlivened by the blind arches that appear to extend into the portico below; the interior with one nave and two aisles is divided by columns and has two pillars in the altar area and a single apse that, jutting outwards, makes the view from the back particularly striking. The capitals merit particular consideration because of their plant-shaped motifs as well as allegorical scenes in which men and animals stand out. They were probably the work of skilled local craftsmen, but they reveal the fundamental technical and figurative contribution of Lombard culture.

Over time, with a change in style that, from the $16^{th}$ century onward, preferred ostentatious furnishings and paintings, the church's interior especially underwent profound modifications that provided it with large side altars and a progressive surfeit of wall paintings. At that time (the end of the $16^{th}$ and the beginning of the $17^{th}$ centuries), large paintings by various artists and of varying quality began to decorate the new structures, while a treasured legacy of liturgical furnishings and sets of vestments was accumulating.

In addition, the church was often the seat of well-to-do parish priests, when not actually a place of leisure for the bishops of Fiesole, members of the Florentine aristocracy, not to mention the religious companies with their seats there and the prominent families with important land holdings in the area. Because of this, the church was provided with a notable patrimony of fabrics, silverworks and carved wooden objects that have found a home in the museum. A *wooden crucifix* which the faithful worshipped because of its miraculous powers, caused a rich collection of *ex voto* offerings to be gathered there; in the meantime other buildings were gradually added to the rectory, forming an almost rectangular inner courtyard of regular proportions and splendid acoustics.

It was not until the 1960's, under the architect and superintendent Morozzi, that the dismantlement operation was courageously undertaken; the parish church was returned to its original appearance, both inside and out, by eliminating the large altars and excessive decoration. From that moment on, San Pietro a Cascia rightly entered the circle of the most harmonious and important Romanesque buildings in Tuscany.

Today, inside the church apse are found: a valuable 14$^{th}$ century wooden *Crucifix,* known as "Della Casellina" because of its provenance from the ancient oratory of the same name, and a detached fresco (on the left wall) depicting the *Annunciation*, a work by Mariotto di Cristofano, Masaccio's brother-in-law.

At the beginning of this century, with the assistance of the Parish encouraged by the parish priest Don Ottavio Failli, of the Diocese of Fiesole, of the *Soprintendenza dei Beni Artistici e Storici*, and of such admirable bodies as the *Ente Cassa di Risparmio di Firenze*, it was decided to create a parish museum to display the materials identified as being worthy of exhibition. Among these, the most striking were the large paintings and wooden panels that, with the destruction of the altars, had been displaced from their original positions. These were prestigious works from the end of the 15$^{th}$ century up to the 18$^{th}$ century which had been housed for decades in the Superintendency's storage areas. Among the artists represented, in addition to the School of Ghirlandaio, there were Alessandro Allori, known as Bronzino, Santi di Tito, Jacopo Vignali, Zanobi Rosi and even an interesting and mysterious "Allori-style" painter who, in 1575, signed a beautiful curved wooden panel «Agnolo Ghuidotti da Fiesole», the sign of the benefactors' knowledge of the various workshops active in Florence. The majority of the paintings have been restored and the large altarpieces, beginning with the most valuable, were chosen for the museum and today are prominently on display in the large hall. As for the sacred furnishings and vestment sets, the parish church already had a considerable endowment, but taking into account the many other ancient churches in the Reggello area that were endowed with a rich artistic patrimony (see the related itinerary in regards to this), it seemed opportune to transfer the best works here for the greater enjoyment of the public and an improved conservation of the works, despite their having been jealously cared for under often uncertain security conditions in these other seats. With this operation in particular, a remarkable section of sacred paraments from the 15$^{th}$ to the 20$^{th}$ centuries was put together, coming from the churches of Santa Margherita in Cancelli, Sant'Agata in Arfoli, San Pietro in Pitiana, Sant'Andrea in Borgo a Cascia as well as those in Rota, Ostina, and Pontifogno. Over the last few decades, as interest in these sumptuous, yet fragile and easily lost articles, has been growing, it was decided to display them on a rotating basis inside the museum's various showcases for reasons of preservation. In addition, the restoration of some of them, as well as of various silverworks and carved wooden objects was carried out, some of which also came from the previously mentioned churches. In particular, we would like to point out the beautiful 15$^{th}$ century *processional Cross* from the Church of Santa Maria a Sant'Ellero, which was used without interruption, until being transferred to the museum. Other furnishings are noted for their antiquity, such as the 14$^{th}$ century *thurible, incense boat* and *holy water pot* from San Martino in Pontifogno, or for the quality of their craftsmanship, like the 18$^{th}$ century *Chalice "of the Passion"* from the Church of Santa Margherita a Cancelli or the *cross reliquary*, also 18$^{th}$ century, that comes from Santo Stefano a Cetina and, last but not least, the beautiful Cascia chalice from the 1930's-40's by the Florentine goldsmith Manuberti.

Among the museum's special collections, which distinguish it from other similar ones, we would like to point out the *ex voto* section (in the "Parish Priest's Chamber") that recalls a rather widespread devotional practice and is documented by diverse objects, either extremely precious or simply touching for the acts of gratitude to which they bear witness. Even more original are two small collections; one of Russian icons from the 18$^{th}$ to the 20$^{th}$ centuries, and one of objects used in Jewish rites, with high-quality silver pieces, collected by the current parish priest, Father Failli, this collection presents an interesting comparison to the images and furnishings of Catholic rites, so well represented in the museum.

## The *Triptych of Saint Juvenal* by Masaccio

Before it found its home in this museum, the work had been in the church's apse since 1998, becoming a magnet for the scholars, art lovers and tourists who constantly converged there attracted by this unconditional masterpiece. It is the first known work by Masaccio. The parish church, however, is not the *Triptych*'s original site; we will briefly review its history here. Neither cited in sources, nor known before the 20$^{th}$ century, the painting was re-discovered in 1961 in the little Church of San Giovenale, a few hundred meters from Cascia, by Luciano Berti, a distinguished Masaccio scholar who was later the director of the Uffizi. Its original location there was confirmed by the presence of Saint Juvenal, to the left of the Virgin, who is rarely depicted elsewhere. Immediately transferred to Florence, the painting underwent a series of in-depth studies as well as a complete restoration, which was indispensable, given the poor condition of its wooden panels, the loss of color and the raised areas on the pictorial surface. Under the small modern frame that enclosed it, an inscription on the lower part came to light that contained the names of the saints – Bartholomew, Blaise, Juvenal and Anthony the Abbot – as well as the date «(*Anno do*)MINI MCCCCXXII A DI VENTITRE D'AP(r*ile*)». This information was decisive in assigning the work to Masaccio, which had already been referred to the artist because of its strong stylistic qualities. Thus Berti was rightly able to include it in his fundamental study of works by the artist from the Valdarno. After 1961, twenty-seven years would pass before the *Triptych,* meanwhile kept in the Superintendency's storage areas, would find a setting worthy of its importance. Since the Church of San Giovenale was no longer suitable for its preservation, some doubt remained as to whether the *Triptych* should be transferred to Fiesole (it actually belongs to that cathedral's chapter) or returned to its original home. This latter option was strongly supported locally as well as by the Superintendency that has focused, in the last decades, on keeping works of art in their original homes, contrary to the practice of earlier centuries that stripped churches in the surrounding areas in favor of the large city museums. In the end, this option prevailed with the *Triptych* triumphantly taking the road home. It was placed on the left wall of the apse, above the baptismal font, in Cascia's splendid parish church, a site best suited for the task of preserving and exhibiting this important example of Renaissance art. The *Triptych* spent another nineteen years of its life protected here; it was then transferred to the museum to be part of the exhibition "The Renaissance in the Valdarno", a hall was dedicated to it allowing it to be more easily admired under conditions of security and preservation. Further on in this same guide, there is a special chapter dedicated to this great piece of Italian art.

## Romanesque art in the Upper Valdarno

Between the $11^{th}$ and $13^{th}$ centuries, the Upper Valdarno witnessed the birth or the rebuilding of a series of parish churches and abbeys with somewhat coherent formal and structural characteristics, leading to the supposition that they were carried out by workers from beyond the Apennines. Over time many of these buildings underwent serious modernizations that partly erased their original Romanesque appearance: the Church of San Pietro in Pitiana, already in existence by the early decades of the $11^{th}$ century, for instance, was substantially renovated in 1631, such that the only intact evidence of the Romanesque period is seen in the bell tower.

The moment of greatest splendor for San Pietro a Cascia, erected at the side of a Lombard guard tower, was at the end of the $12^{th}$ century with the construction of the building that we see today. We also find references to Santa Maria di Scò in the early decades of the year 1000, which had also been built on the Strada dei Sette Ponti like the churches of Cascia, Gropina and San Giustino. We can admire its original beauty as characterized by the five blind arcades on its façade and its basilican structure that ends in three apses.

San Pietro a Gropina, in existence since before the $10^{th}$ century, was the property of the Abbey of Nonatola and, although completely rebuilt in the $12^{th}$ century, it still preserves its Lombard ambo. San Giustino was built in the $12^{th}$ century and has the basilican outline with one nave and two aisles divided by pillars and by two columns. The interior of San Leolino in Rignano, erected in the $10^{th}$ and $11^{th}$ centuries, is also divided into one nave and two aisles, ending with three apses while the lower part of the bell tower, at the side of the church, shows traces of a Romanesque structure. In Figline Valdarno, the Church of San Romolo a Gaville, constructed in the $12^{th}$ century beside a pre-existing tower, was introduced into a particular context in the past. The interior, divided by attractive pillars and columns with capitals, has one nave and two aisles and ends in a single apse. San Giovanni Battista a Cavriglia was already recorded in the $11^{th}$ century; there are visible traces of the Romanesque building in the apse and the outside structures. It had an important role for the entire surrounding territory.

All these parish churches, as we see, have a basilican structure with one nave and two aisles divided by columns, pillars and richly sculpted capitals with plant, animal and figured motifs. In addition, they have a masonry face made up of perfectly square sandstone ashlars and one or three apses. The roof is made with the timbers visible while the barrel vaults are limited to the crypts, as at the Rosano Abbey and the Parish Church of San Pancrazio a Cavriglia. Taken as a whole, these buildings are some of the most important Romanesque exemplars in Tuscany, for their size and the harmonious integration of architecture and sculpture. Next to the baptismal churches, however, we must also remember the many churches that depended from them, and that have maintained an extremely simple Romanesque character. Such religious buildings have a single nave structure with an apse, and sometimes have retained some cloister elements, such as in the rectories of San Pietro in Perticaia and of San Michele a Pavelli. (The latter must be particularly mentioned for having kept the alternating bands of sandstone and alberese stone on the wall-facing of the apse). We should not forget the Church of Sant'Agata in Arfoli that, although remodeled in the 15$^{th}$ century, retains many medieval details, as does the Church of San Siro a Cascia with the appealing decorative frieze on its ancient entry door, dating to the 8$^{th}$-9$^{th}$ centuries.

The Benedictine monasteries in existence in the Valdarno also had great importance. For example, Santa Maria di Rosano was founded in 780 by the Guidi counts, and has the oldest Crucifix painted on a wooden panel in Tuscany by the so-called "Master of Rosano". The Vallombrosa and Montescalari abbeys were each characterized by their extreme austerity, with a single-nave Latin cross church ending in an apse and a projecting transept. The decoration was usually reduced to a minimum, as in the Abbey of San Salvatore a Soffena that, while similar to the ones mentioned above, has no apse.

It should be remembered that the flourishing and widespread distribution of these important holy buildings, in addition to the monks' work, was made possible thanks to the presence of rich and important Florentine families with large holdings in the territory. These included the Guidis, the Umbertinis, the Firidolfi-Ricasolis and the Pazzis who contributed, with their generous patronage, to the building of churches and donated precious works to adorn the altars.

Don Alessandro Righi

## A VISIT TO THE MUSEUM

### GROUND FLOOR

The Masaccio Museum is reached through the church's apse, a striking point of view that particularly merits a short pause so as to admire the bare, clean and articulated space and volume where the interior seems to expand in a plastic curve. The building that houses the museum on two floors is perpendicular to the church; it encloses, with its beautifull proportions, the interior courtyard, a serene and harmonious space dominated by the large bell tower. In the summertime, conferences, concerts and legitimate theater performances are held here, attended by locals and non-locals alike.

### TICKET OFFICE AND BOOKSHOP

The first small room entered after crossing the threshold is the ticket office and bookshop. Here it is possible to find various types of souvenirs as well as many books on Masaccio and, above all, everything published on his *Triptych of Saint Juvenal*, including conference proceedings, booklets and the book that contains the latest studies that definitively confirm Masaccio's authorship of the work.

### 1 - HALL 1

The entrance to the great hall is not direct. In fact, a sort of vestibule is created by a wall with the museum's logo, (a detail from Masaccio's *Triptych* with Saint Juvenal's book and the artist's signature), and the inscription «*Museo Masaccio d'Arte Sacra*» traced using capital letters in the same style as those in the painting. The room is characterized by high panels on which are hung the large paintings once found on the church's altars. It is practically divided into two sections by a partition that suggests a stylized altar structure, including the frontal which displays the most ancient painting.
In addition to paintings, the hall houses goldsmithery, carved wooden objects and sacred paraments arranged by section.
The visit begins at the small display case in the vestibule to the left and continues counter-clockwise to the right into the first section then proceeding, still in a counter-clockwise direction, to the second one. A small collection of paintings and objects from diverse cultures, icons dear to the Orthodox faith and silver pieces used in Jewish ceremonies, completes this section. Put together by the current parish priest, Father Ottavio Failli, the collection offers an interesting comparison to the art and instruments linked to the Catholic liturgy and iconography.

*Display Case 1*

1. TUSCAN PRODUCTION
*Book of Chapters*
17th century
embossed silver, red velvet; 26.5×21 cm
Parish Church of San Pietro a Cascia
*(inv. 76)*
The case, with a red velvet cover, contains the book of the *Capitoli della Compagnia del Santissimo Sacramento* (Chapters of the Company of the Holy Sacrament). An oval medallion is found on the cover inside of which a Eucharistic chalice has been engraved; at the corners, there are some elaborate stamped silver appliqués with palm and acanthus leaf motifs.

2. FLORENTINE PRODUCTION
*Chalice*
first half of the 17th century
chiseled and embossed silver;
25×11.5 cm
Church of San Giovenale a Cascia
*(inv. 33)*

*Wall to the right of the entrance*

3. MASSIMO TOSI
*Cascia and the Reggello territory*
2002
Reproduction of a watercolored original on a rigid support
The original watercolor was painted by the architect Massimo Tosi for the museum's inauguration and is an exact portrayal of the territory's main monuments and of the churches from which the museum's many precious paraments and objects come.

4. FLORENTINE SCHOOL
*Annunciation*
End of the 17th century-beginning of the 18th century
oil on canvas; 88 cm (diam.)
Parish Church of San Pietro a Cascia
*(inv. 11)*
At one time found in the rectory, this small tondo can be considered an important example of fine Florentine painting at the turn of the 17th century, along the lines of Camillo Sagrestani and Matteo Bonechi, artists of great decorative undertakings in the churches and palaces of Florence.

*Display Case 2*

5. TUSCAN PRODUCTION (?)
*Saint Nicholas of Bari*
18th century
carved and painted wood
(the body, base and pastoral);
silk and cotton (the clothes);
53 cm (ht.)
Church of San Niccolò a Forli
Inscription: on the base S. NICOLAYS
*(inv. 23)*
This statuette of Saint Nicholas dressed as a bishop has his pastoral stretched in front of him in his left hand and, in his right, three golden spheres that refer to the legend of the saint donating three purses of gold to three poor young women for their dowries. His face is accurately portrayed with his dark beard giving the saint a certain authoritative expression while his sweet look betrays his profound humanity. His clothing is made from valuable,

ENGLISH VERSION

high-quality fabric, especially, the French-made cope from the last quarter of the 18th century. It is brocaded Pekin with an ivory background and small botanical motifs; grids of flower sprigs emphasize the fabric's vertical progression.

6. TUSCAN PRODUCTION
*Saint Anthony of Padua with the Child*
17th-18th centuries
carved, painted and gilded wood;
64×17×17 cm
Parish Church of San Pietro a Cascia
*(inv. 22)*
A multiple reliquary in gilded wood is the pedestal for an elegant statuette of the young Saint Anthony in his softly draped Franciscan habit. With his left hand, he supports the Child who holds a globe in his hand. The delicate features of the Child recall the grace of the saint's face, while the firm gesture of his arm, extending forward, confers a note of strength on the childish figure. The work shows visible traces of the influence from northern European sculpture.

7. TUSCAN PRODUCTION
*Christ the Redeemer*
18th century
carved and painted wood;
42×13×11 cm
Church of San Donato in Fronzano
*(inv. 24)*

8. TUSCAN PRODUCTION
*Saint Anthony of Padua with the Child*
18th-19th centuries
carved and painted wood;
30×11.5 cm
Parish Church of San Pietro a Cascia
*(inv. 25)*

*Display Case 3*

9. TUSCAN PRODUCTION
*Pax board*
19th century
silver-plated cast bronze;
16×11.5 cm
Oratory of San Martino a Pontifogno
*(inv. 64)*

10. TUSCAN PRODUCTION
*Holy water pot*
17th century
gilded cast brass; 15×11 cm
Church of San Giovenale a Cascia
*(inv. 34)*

11. TUSCAN PRODUCTION
*Jug*
18th century
chiseled and silverplated brass;
30×16 cm
Parish Church of San Pietro a Cascia
*(inv. 45)*
Although of a common typology, this jug is noted for its overall elegance and harmonious proportions. The soberly decorated handle well matches the trilobate mouth.

12. TUSCAN PRODUCTION
*Bugia*
19th century
silver; 33×11 cm
Parish Church of San Pietro a Cascia
*(inv. 69)*

13. TUSCAN PRODUCTION
*Two urn-shaped reliquaries*
last quarter of the 17th century
carved, painted and gilded wood; glass;
31×21×16 cm
Church of San Tommaso a Ostina
*(inv. 83)*

14. TUSCAN PRODUCTION
*Processional Cross*
second half of the 15th century
incised and engraved copper (cross), cast Bronze (Christ);
50×30 cm
Church of Santa Maria a Sant'Ellero
*(inv. 30 a-b)*
This is a beautiful example of a late Gothic cross similar to copper crosses found in Tuscan country churches. On the recto of the arms' quadrilobe ends, above we see a pelican, the symbol of the Eucharist; to the left, the Virgin; to the right, Saint John the Evangelist and Mount Calvary below. On the verso, the Evangelists are portrayed at the ends and the Agnus Dei in the centre. The cross's surface is completely decorated on both sides by milling and other engravings with naturalistic motifs.

15. TUSCAN PRODUCTION
*Aspergillum*
18th century
silver; 24×7 cm
Parish Church of San Pietro a Cascia
*(inv. 46)*

16. TUSCAN PRODUCTION
*Thurible*
14th century
fretworked brass; 23×8 cm
Parish Church of San Pietro a Cascia
*(inv. 26)*
This example of an "architectural" thurible, the geometric shape of its upper part reminiscent of a dome, has a simple fretwork of rectangles and circles typical of this sort of liturgical furnishing throughout the entire 14th century. The lower part of the thurible also shows a certain refinement in the elegant profile of its foot and cup.

17. ITALIAN PRODUCTION
*Incense boat*
14th-15th centuries
gilded, incised and stamped cast brass;
11×8×4 cm
Parish Church of San Pietro a Cascia
Stamps: indecipherable
engravings: IHS and two putti with nakes
*(inv. 28)*
It is an, characterized by a marked simplicity and linearity, important example and one of the oldest of a type that can be found in museums of sacred art in Tuscany, such as the one in Greve in Chianti.

18. TUSCAN PRODUCTION
*Incense boat*
1813
incised and embossed silver;
10×12×10 cm
Parish Church of San Pietro a Cascia
Inscription: MDCCCXIII and
F.F.C.O.G.B.I.
*(inv. 65)*

19. TUSCAN PRODUCTION
*Incense boat*
second half of the 18th century
embossed silver; 18×9 cm
Church of Sant'Agata in Arfoli
Stamps: on the edge: rampant lion, a C and an R, two facing C's
*(inv. 55)*

20. GENOESE PRODUCTION
*Chalice*
1706
silver; 21.5×11.5 cm
Parish Church of San Pietro a Cascia
Inscription: 706
*(inv. 47)*

21. TUSCAN PRODUCTION
*Chalice*
1598
embossed silver; 21.5×11.5 cm
Oratory of San Martino a Pontifogno
*(inv. 32)*
The elegance of this chalice results from the simplicity of the circular incised decoration on the foot and the knots. It was donated to the Oratory by the Aldobrandini family, the church's patrons, as is seen by the inscription under the foot: S. CATERINA ANGIOLA ALDOBRANDINI MDIIC

22. TUSCAN PRODUCTION
*Chalice*
19th century
stamped silver; 23×11 cm
Parish Church of San Pietro a Cascia
*(inv. 70)*

23. LOMBARD PRODUCTION
*Reliquary bust of Saint Charles Borromeo*
chiseled and embossed silver (bust), carved and gilded wood(base);
35×11×6 cm
Parish Church of San Pietro a Cascia
*(inv. 66)*
The bust of Saint Charles Borromeo, who in 16th century Lombardy, undertook a renewal of Christian faith and customs, comes from that same area. It stands on a wooden reliquary finished with carved acanthus leaves and little rosettes. A cope richly decorated with botanical and floral motifs and sheaves of wheat, documents the saint's role as bishop. The miter is trimmed with stamps that simulate precious stones. It is a companion of no. 25.

24. FLORENTINE PRODUCTION
*Monstrance*
19th century
partially gilded, incised, chiseled and embossed silver; 72×33 cm
Parish Church of San Pietro a Cascia
Stamps: on the back: two rhomboidal shapes, the Rooster
*(inv. 68)*

25. LOMBARD PRODUCTION
*Reliquary bust of Saint Ambrose*
chiseled and embossed silver (bust), carved and gilded wood(base);
35×11×6 cm
Parish Church of San Pietro a Cascia
*(inv. 67)*
This bust of Saint Ambrose is a sign of devotion to another of the principal representatives of the Milanese diocese; he worked with great benefit there for the nascent Christian community in the 4th century. Of Lom-

bard provenance, the reliquary shows characteristics similar to those of its companion no. 23.

26. TUSCAN PRODUCTION
*Holy water pot*
14th century
cast brass; 12×11 cm
Oratory of San Martino a Pontifogno
*(inv. 27)*
With a shape characteristic of the most antique examples of this type, the rarity of these furnishings make this example one of the more interesting pieces in the museum's collections.

27. TUSCAN PRODUCTION
*Thurible*
second half of the 18th century
embossed silver; 18×9 cm
Church of Sant'Agata in Arfoli
Stamps: rampant lion, one «C» and one R, two facing C's
*(inv. 56)*
The thurible came to the museum together with the incense boat no. 19. It has a smooth circular foot, a brazier decorated with swirls and a fretworked lid richly decorated with acanthus leaves and facing «C»'s. Its typology and decoration place it among the most elegant examples of 18th century production.

28. TUSCAN PRODUCTION
*Candlesticks*
17th century
cast brass; 16×8 cm
Church of Santi Giusto e Lucia a Rota
*(inv. 35)*

29. TUSCAN PRODUCTION
*Candlesticks*
17th century
cast brass; 14×8 cm
Oratory of Sant'Andrea a Pontifogno
*(inv. 36)*

30. TUSCAN PRODUCTION (?)
*Alms plate*
end of the 15th century
incised and embossed brass;
39 cm (diam.)
Parish Church of San Pietro a Cascia
*(inv. 31)*
In the center of the large basin, there are pod-shaped decorations underlined by a circular inscription in Gothic German along the concave part of the plate. It is a traditional and rather widespread model, as can be seen by other examples in the Museum of the Collegiate Church of Figline Valdarno and, like those, could refer to a German, rather than Tuscan, production.

31. TUSCAN PRODUCTION
*Monstrance multiple reliquary*
first half of the 19th century
gilded and carved wood; 36×15×10 cm
Parish Church of San Pietro a Cascia
*(inv. 92)*

32. FLORENTINE PRODUCTION
*Altar cross*
1625
chiseled and embossed cast brass;
72×12 cm
Church of Santa Margherita a Cancelli
inscription: 1625 FATTA DALLA CAPPELLA DELLA CONCETIONE
*(inv. 37)*

ENGLISH VERSION

*Display Case 4*

33. TUSCAN PRODUCTION
*Chalice*
18th century
incised and embossed silver; 22×11 cm
Church of Santi Giusto e Lucia a Rota
*(inv. 49)*

34. TUSCAN PRODUCTION
*Chalice*
17th century
incised and embossed silver;
24×11 cm
Church of San Tommaso a Ostina
*(inv. 38)*

35. TUSCAN PRODUCTION
*Viaticum pyx*
19th century
Incised and embossed metal and silver; 1×3, 1×4, 8×5 cm
Church of San Giovenale a Cascia
*(inv. 71)*
The pyx displayed here is rather elegant because of the linearity of its rounded oval shape enhanced by its reduced size for its intended use: carrying the Eucharist to the sick and dying. It is flanked by two small caskets for the holy oils.

36. TUSCAN PRODUCTION
*Chalice*
20th century
cast silver; 24.5×12.8 cm
Parish Church of San Pietro a Cascia
Stamps: illegible, 800
*(inv. 75)*
The presence of the «800» stamp, used from 1872 to 1935, dates the production of this piece to between the end of the 19th and the beginning of the 20th centuries. This object is extremely refined because of the quality of its decoration and the skill with which it was produced. The chalice's maker was most probably the Florentine craftsman Manuberti who had his workshop in Via de' Pucci in Florence.

37. TUSCAN PRODUCTION
*Candlestick*
17th century
cast brass; 16×11 cm
Oratory of San Martino
a Pontifogno
*(inv. 39)*

38. TUSCAN PRODUCTION (?)
*Cross-shaped reliquary*
18th-19th centuries
Wood, gilded copper, silver, rock crystal and colored semi-precious stones;
50×22×13 cm
Church of Santo Stefano
a Cetina
*(inv. 59)*
The distinctiveness of this reliquary derives from the use of various materials and the colored stones that create pleasant chromatic combinations as well as an extraordinary effect of preciousness. The object is made up of a wooden pedestal in the center of which a medallion with the relics has been placed; it is joined to the cross where the other relic fragments are kept inside small oval caskets, forming a harmonious whole despite the adjustments carried out at various periods.

39. TUSCAN PRODUCTION
*Monstrance reliquary*
18th century
gilded and carved wood; 40×14×10 cm
Church of Sant' Agata in Arfoli
*(inv. 85)*

40. TUSCAN PRODUCTION
*Cross*
18th century
brass; 72×13 cm
Church of San Tommaso a Ostina
*(inv. 48)*

41. TUSCAN PRODUCTION
*Monstrance reliquary*
end of the 18th century
gilded and carved wood; 50×25×11 cm
Parish Church of San Pietro a Cascia
*(inv. 90)*

42. TUSCAN PRODUCTION
*Monstrance multiple reliquary*
end of the 18th century
embossed silver lamina on a wooden support; 49×21×15 cm
Church of San Giovenale a Cascia
(Matteoni bequest)
Inscription: SCRIPSIT ALOYSIUS SCRIPTORIS NOMEN ADORA
*(inv. 57)*

The wooden reliquary is covered with a silver lamina with embossed botanical and ribbon motifs, giving it an overall effect of preciousness. Inside the casket, in the center of the display, the relics of Saint Philip Neri and Saint James the Lesser are visible. This type of sacred furnishing is rather widespread in the churches of the Florentine countryside.

*Display case 5*

43. TUSCAN PRODUCTION
*Pyx*
end of the 18th century-beginning of the 19th century
Incised and partially gilded silver; 26×10 cm
Church of Santi Giusto e Lucia a Rota
*(inv. 58)*

44. TUSCAN PRODUCTION
*Eucharistic casket*
19th century
incised silver; 10×4 cm
Church of Santi Giusto e Lucia a Rota
*(inv. 72)*

45. TUSCAN PRODUCTION
*Chalice*
end of the 17th century
incised and embossed silver, gilded copper;
23×12 cm
Church of Santa Maria a Sant'Ellero
*(inv. 42)*

This chalice is particularly interesting for its refined execution and elegant decoration. Created in a Tuscan goldsmith's workshop, its vessel knot and the ornamental motifs of the saucer are typical of the end of the 17th century. In addition to the symbols of the Passion, Saints Benedict and Anthony of Padua are depicted and possibly Saint John Gualbert, a reference to the order of Vallombrosan monks, may be the original owners, from which the Church of Sant'Ellero once depended.

46. TUSCAN PRODUCTION
end of the 17$^{th}$ century
*Thurible*
fretworked cast brass; 22×8 cm
Parish Church of San Pietro a Cascia
*(inv. 41)*
With the passing of time, this brass thurible, typical of its period, has assumed a particularly burnished coloration. Its lower cup lacks decoration and the fretwork on the upper part has circular and star-shaped motifs.

47. FLORENTINE PRODUCTION
*Chalice*
1715-1745
engraved, chiseled and embossed silver; 26×13 cm
Church of Santa Margherita a Cancelli
Stamp: a rooster
*(inv. 50)*
The stamp on the chalice is from the Workshop *all'Insegna del Gallo* headed by the silversmith Antonio Mazzi, documented from 1703 to 1747. (See no. 49). The decoration is based on the symbols of the Passion of Christ (which gave this type of vessel the name of "chalice of the Passion"), alternating with the projecting heads of the cherubs that decorate the knot and the saucer. This typology was frequently used during the 18$^{th}$ century, as may also be seen by the large number of similar examples in the museum.

48. TUSCAN PRODUCTION
*Pyx*
17$^{th}$ century
embossed silver; 15×12 cm
Oratory of San Martino a Pontifogno
*(inv. 40)*

49. FLORENTINE PRODUCTION
*Monstrance reliquary*
second quarter of the 18$^{th}$ century
Embossed silver lamina on a wooden support; 43×20×12.5 cm
Parish Church of San Pietro a Cascia
Stamps: a lion, a rooster, illegible
*(inv. 54)*

50. TUSCAN PRODUCTION
*Chalice*
second half of the 19$^{th}$ century
embossed silver; 25×12.5 cm
Parish Church of San Pietro a Cascia
Stamps: illegible
Inscriptions: P.P.BENI
*(inv. 74)*
The initals indicate that the chalice was donated to the church by the parish priest Paolo Beni, whose portrait is also found in the museum (no. 138).

51. FLORENTINE PRODUCTION
*Rayed monstrance*
mid-18$^{th}$ century
chiseled and embossed silver with semi-precious stones; 58×28 cm
Church of Santa Margherita a Cancelli
stamps: illegible
inscription: PESA: 2.5. 6.2.2.
*(inv. 51)*
This is one of the museum's most refined monstrances. The customary ty-

pology of the rays and clouds is embellished by semi-precious stones placed along the edge of the circular casket. Its typology and decoration are comparable to other examples kept at the Museums of Incisa in Val d'Arno and of Santa Verdiana in Castelfiorentino.

52. TUSCAN PRODUCTION
*Rayed monstrance*
end of the 17$^{th}$ century
partially gilded, chiseled and embossed silver; 48×25 cm
stamps: passant lion, small cross
Church of San Lorenzo a Rona
*(inv. 44)*
This typical object is characterized by its elegant lines and found extensively in many churches throughout the Tuscan countryside. The monstrance's refined decoration, with ears of corn and bunches of grapes, and the care in its execution make it remarkable. The two stamps, (the first, a small cross and the second, a passant lion in a circular field), refer to the mark released by the Silk Guild in Florence between 1695 and 1761, for quality of the silver.

53. «BRONZINO» (ALESSANDRO ALLORI, Florence 1535-1607)
*Annunciation*
pre-1587, signed
oil on canvas; 215×164 cm
Parish Church of San Pietro a Cascia
*(inv. 4)*
The painting is based on the greatly venerated fresco in Florence's Santissima Annunziata and the signature «BRONZINO» appears on the base of the Virgin's chair. It was a name used in acknowledgement of that great artist's teaching by both Alessandro Allori and his son Cristofano (1577-1621) who carried out various replicas of the subject. Since the work was cited as already being in Cascia in 1587, the artist must be Alessandro, a direct disciple of Agnolo Bronzino and a great representative of the late 16$^{th}$ century Florentine school, dear to the Medicis and here, as elsewhere, especially attentive to, and refined in the rendering of domestic details.

54. WORKSHOP OF DOMENICO GHIRLANDAIO
*Madonna Enthroned with Child, Saints Romulus, Peter, Paul, Sebastian and the purchaser Roberto Folchi, bishop of Fiesole*
end of the 15$^{th}$ century-beginning of the 16$^{th}$ century
tempera on a wooden panel; 195×151.5 cm
Parish Church of San Pietro a Cascia
*(inv. 2)*
The lower part of the panel bears the inscription: R.FLH.EPISCOPUS.FESULAN.IMPENSA.PROPRIA («Roberto Folchi bishop of Fiesole, at his expense»), thus consigning the name of the work's Florentine purchaser to posterity. Folchi was bishop from 1481 to 1504, and left other traces of his tenure in the parish church. Given the pained appearance in his portrait, the work was probably carried out towards the end of his episcopate(which ended because of illness). It probably was originally intended for the main altar in view of the position of Saint Peter (the

parish's eponym) to the right of the Virgin. In the oldest sources, its execution has been pointed out as a «work by or in the style of Ghirlandaio» and the inconsistent quality of its execution makes it probable that it indeed came from a workshop where, beside the work of a painter with good technical knowledge (see Saint Peter's head) school's contributions are seen which, using a cartoon for the central group, popularized the refined language of the Master thereby adapting it to a suburban seat.

55. UMBRIAN PRODUCTION
*Frontal*
19$^{th}$ century?
Linen fabric, Hungarian point embroidery in polychrome silk;
93×180 cm
Church of San Donato in Fronzano
*(inv. 165)*
Rare altar covering in Hungarian point that skillfully uses models from the 17$^{th}$ and 18$^{th}$ centuries for marquetries carried out with semiprecious stones, or scagliola, with a refined color style and technical skill.

56. SANTI DI TITO (Sansepolcro 1536-Florence 1603) AND WORKSHOP
*Mourning on the Dead Christ*
signed and dated 1601
oil on canvas; 212×135 cm
Parish Church of San Pietro a Cascia
*(inv. 5)*
This is a late work by a great leading figure of the Florentine school who, after the magnificent period of court Mannerism, restored painting to a more clearly understood language and narrative simplicity, following the dictates of the Council of Trent. The painting uses colors that accentuate the dramatic nature of the event, with a strong naturalism in the onlookers' features (as seen in Saints Matthew, Francis, Catherine and Domenic di Guzman, who are to the sides) that softens their physiognomy and makes their emotion for this event more credible. It was probably completed with the assistance of his son Tiberio or some other pupils, numerous in the well-organized workshop. Over the years, the painting has undergone many restorations.

## The Symbology of the Pomegranate and the Flowering Trunk in the Museum's Vestments

As regards the great number of solutions that characterized 14$^{th}$ century silk fabrics, Renaissance textile production was much more homogenous and united in its entirety, basically developing only two ornamental typologies, those of the pomegranate and of the flowering trunk. According to the famous 15$^{th}$ century treatise of the Silk Guild in Florence, they were to be produced in a symmetrical way, if the loom was set up for works in one «cammino», or asymmetrical, instead, for in «griccia», works. In the first case, the design is a simplified fruit – a pomegranate or a pinecone crowned by a group of flowers – that repeats itself in an echelon fashion for the bolt's width, and is often framed by a tree-like grid. This typology, traditionally defined as "ogival stitched frames with two types of thistle flowers", can be seen in the Medici-Concini set of vestments on the museum's first floor (cat. no. 118). The second case finds reference in the oldest of the chasubles on display (cat. no. 57), where the decorative motif instead consists of a curved and flowering trunk with an alternating florescence within wide lobed leaves. This decorative unit, the result of a gradual development that descends from the lotus flower and the delicate shoots found in Chinese silks, is especially suitable for a velvet technique that, due to its specific aesthetic characteristics, emphasizes the design's luminous and plastic effects more than other fabrics. Enriched by a gold thread brocaded weave, often raised in a sophisticated bouclé effect, it became the most luxurious fabric of the period, not only for the preciousness of the materials and the substances used in its dying, but also, in the cases of velvet and brocade, because of the extremely long time required to carry out the two contrasting processes that were executed, the first one on the right side of the fabric and the second one on the reverse side.

These fabrics, where large designs were generally used, had a strong decorative impact and, until at least the end of the 16$^{th}$ century, were manufactured without distinction for both secular garments, as signs of power and social importance because of their high cost, as well as for liturgical vestments and hangings because of the strong symbolic connotation of the subjects represented. Even if the pomegranate theme was for the most part selected for brides' gowns and headdresses as a sign of fertility, this motif also had innumerable mystical Christian references. Its seeds allude to divine perfection, the roundness of the fruit to eternity, and the sweetness of its juice to the delight of the soul that loves and knows God. In a wider context, the Church Fathers saw the pomegranate as a symbol of the Church itself, united in a single faith, like the seeds within the fruit. At the top of the pomegranate, there is a series of either three or, more often, five flowers, which represent respectively the Trinity or refer to the wounds on Christ's body. The flowering tree, a very ancient symbol of eternal rebirth, is the other dominant theme in Renaissance textile production. As seen from the museum's most precious chasuble (cat. no. 57), the broken and serpentine trunk stretching upward, alludes to the cross, the tree of death, that becomes the Lignum Vitae because of its vital sap, the divine blood, that nourishes and gives life to the leaves, flowers, and fruits that are repeated throughout the complex design.

The symbolic interpretation of both typologies also applies to the chromatic match between the work and its background, generally red and yellow, referring, the first, to the color of divine love, the blood of the passion of Christ and the sacrifice of the martyrs, whereas the second refers to the color of God's wisdom, Revelation and Eternity.

In the fascinating play of codified "truths", it is not surprising then to find these very precious velvets being worn by high prelates or even by the Madonnas or saints who, by wearing them, alluded to Christ's destiny or simply translated the contents of faith.

Lorenzo Pesci

Display Case 1. Vestments

The presentation of the paraments proceeds in a counter-clockwise direction

57. FLORENTINE PRODUCTION
*Chasuble*
$15^{th}$-$16^{th}$ centuries
brocaded cut velvet with a bouclé lancé weft in silk and gold thread (the sides of the chasuble)
end of the 15th-beginning of the $16^{th}$ centuries
lancé lampas (cross and column)
First half of the $16^{th}$ century;
123×71 cm
Church of Sant'Agata in Arfoli
(inv. 109)
A decorative unit that is made up of a long undulating trunk, with a spiralling branch inside, that ends in a large lobed leaf surrounded by acanthus leaves and pears, containing a pinecone surrounded by small palmettes. This is intertwined with a second trunk that has a scaled motif, with a pomegranate fruit at the end within a lobed leaf encircled by acanthus leaves and narcissi. The success of this type of velvet is attested by the numerous contemporary works of painting and sculpture among which stands out the Cossa tomb, executed by Donatello and Michelozzo in the Florence Baptistery between 1425 and 1428. The cross and column in lancé lampas present Our Lady of the Assumption alternating with the winged head of a seraphim, which was part of the Florentine production of border bands depicting religious subjects, often in-

spired by preparatory cartoons of great artists of the time.

### 58. TUSCAN PRODUCTION
*Surplice*
beginning of the 20<sup>th</sup> century
linen fabric with embroidered flounce;
140×204 cm
private donation
*(not in catalog)*

### 59. ITALIAN PRODUCTION
*Stole*
end of the 18<sup>th</sup>-beginning of the 19<sup>th</sup> centuries
gros de Tours with polychrome silk and gold thread embroidery;
216×31 cm
private donation
*(not in catalog)*

### 60. LYONAISE PRODUCTION
*Chasuble, stole and burse*
1735-1740
lancé liséré lampas brocaded with silk and silver threads;
119×72.5 cm (chasuble);
236×19 cm (stole);
26×26 cm (burse);
Church of San Giovenale a Cascia
*(inv. 133)*
This splendid and strongly chromatic fabric is extremely difficult to produce; it offers fabric superimposed modules of zules, from which branches off a luxuriant florescence of parrot tulips, creating a luxurious layout related to the "islet" type, designed in France for clothing around the 1730's. It is an example of an exceptional aesthetic level that bears witness to the naturalistic orientation of textile design at the time. It is not completely free from the *bizarre* heritage, to which the silver outline of some leaves and flowers and the unnatural grain of the shadowed areas refer.

### 61. ITALIAN PRODUCTION
*Chasuble and maniple*
second half of the 17<sup>th</sup> century
embroidered taffetas in silk and gold thread;
117×77 cm (chasuble);
102×20 cm (maniple)
Church of Sant'Andrea a Borgo a Cascia
*(inv. 121)*
Gilded branches with flowers unwind on the column and, symmetrically, on the lateral bands, identifying the decoration as clearly Baroque. It has a strong dynamism that grows out of the plastic effects obtained by the slight linen padding and a virtuous use of satin stitch. The ecclesiastical purchaser is seen in the symbolic references to the transfiguration of Christ's blood, the Crucifixion and the Saving Grace, well-known attributes of the rose, the carnation and the tulip in sacred literature.

### 62. ITALIAN PRODUCTION
*Chasuble and stole*
last quarter of the 17<sup>th</sup> century
liséré lancé gros de Tours brocaded with silk and gold threads;
110×73 cm (chasuble);
232×31 cm (stole)
private donation
*(inv. 126)*

ENGLISH VERSION

The design, on a red silk background, alternates horizontal rows of identical large flowers facing each other with smaller ones interspersed between them: a tulip and a carnation in a triangular sequence with alternate horizontal orientation. The flowers, brocaded with a gold thread, are set against a background embellished with flashes of a lancé weave in foliated gold and a marbling effect from the pink liséré weave. The widespread presence of this decorative typology in sacred paraments from the Venetian area makes it plausible that this fabric came from a silk factory in that area.

63. WORKSHOP OF ALESSANDRO ALLORI
*A Miracle of Saint Bridget*
end of the 16$^{th}$ -beginning of the 17$^{th}$ centuries
oil on a wooden panel; 29×44.5 cm
Parish Church of San Pietro a Cascia
*(inv. 8)*
This panel is closely related to a similar work, the *Sermon of Saint John the Baptist,* as well as to the two *Saints* by Zanobi Rosi (see nos. 64-65-66). In fact, they had been placed together within a now-lost wooden structure, and set around the parish's greatly venerated wooden Crucifix from at least 1688 on the altar dedicated to Saint John the Baptist. In the museum, the four paintings have regained their specific and individual importance, Saint Bridget from Sweden is depicted here, as if on a naive *ex voto* tablet, imploring the Crucified while outside a storm rages (the saint was the protectress from storms). The building outside may refer to the ancient Oratory of San Lorenzo alla Casellina, in the Reggello area.

64. ZANOBI ROSI (Florence 1577-1621)
*Saint Bridget of Sweden*
datable to 1626
oil on canvas; 92.5×44 cm
Parish Church of San Pietro a Cascia
*(inv. 7)*
The work is a companion to that of Saint John the Baptist, initialed ZR and dated 1626 (no. 65) and was part of the same grouping as no. 63. Rosi was a close collaborator of Cristofano Allori, Alessandro's son. His body of work is still being determined by specialists in 17$^{th}$ century Florentine art, and these recently restored works from Cascia are the latest milestones returned to Rosi's catalog, and reveal a pictorial quality of rare ability and an unusual knowledge of color.
The saint (Finstad, Upsala 1303-Rome 1373) is depicted, as usual, in a nun's habit or widow's weeds, and with a large, lit candle in memory of the mortification that she inflicted upon herself with a flame. She was one of the leading figures in the history of Christianity since her long journeys, in addition to her mystical writings, put her in contact with many powerful contemporaries.

65. ZANOBI ROSI
(Florence 1577-1621)
*Saint John the Baptist*
signed ZR and dated 1626

oil on canvas; 92.5×43.5 cm
Parish Church of San Pietro a Cascia
*(inv. 6)*
This excellent painting is a companion to the one dedicated to Saint Bridget of Sweden (see no. 64) and was connected to the two tablets, nos. 63 and 66 in the past. The initials ZR enabled the attribution of the figures of the two saints to Zanobi Rosi, a close collaborator of Cristofano Allori, whose skill as a robust colorist capable of introducing a strong dramatic pathos and a very clear tension in his representations is pointed out here. The background of the two paintings is connected, linking in a diptych of great spiritual value the figures of the two saints, united also by the close relationship they shared with the Cross.

66. Workshop of alessandro allori
*Sermon of Saint John the Baptist*
end of the 16th-beginning of the 17th centuries
oil on a wooden panel; 29×44.5 cm
Parish Church of San Pietro a Cascia
*(inv. 8)*
In the past, this tablet was part of the assemblage that also contained nos. 63-64-65. Like the one portraying Saint Bridget of Sweden, however, it does not appear coeval to the corresponding saint painted by Zanobi Rosi, but belongs to an earlier artistic tradition compared to the two full figures. In particular, this one has an affinity to a similar subject by Alessandro Allori that today is kept in the Palazzo Pitti.

*Display Case 2. Vestments*

67. italian production
*Chasuble and stole*
1740-1750
gros de Tours liséré in silk with a varying lancé weft;
116.5×68 cm (chasuble);
230×18 cm (stole)
Church of Sant' Agata in Arfoli
*(inv. 138)*
There is a motif of cornucopias overflowing with bunches of flowers that are alternated with architectural-type elements that mark the points where the winding outline curves. The care for the archeological and Chinese-like details, to which the oriental arch with a half-moon fastigium refers, traces this fabric's decoration, originally created for women's clothing, to the new Rococo style that was meant to create wonder through the display of refined exoticisms combined with naturalistic motifs, another great inspiration of that century.

68. french or italian production
*Chasuble, stole and maniple*
mid-18th century
gros de Tours liséré brocaded in silk and gold lamina;
117×72 cm (chasuble);
238×19 cm (stole)
92×19 cm (maniple)
Church of Santa Margherita a Cancelli
*(inv. 139)*
The design of this fabric is a very sophisticated variant of the "meander" motif, made up of bouquets of com-

posites and buds that are connected by a twirled motif, accentuating its meandering progression. The background alternates decorative tone-on-tone variants (waves, laces, corollas) where the design's brilliant chromatism of the foreground stands out. The almost graphic lightness of the decoration, that only partly covers the background weave, traces back to models conceived for women's clothing around the mid-18$^{th}$ century, following designs found both in France and Italy.

69. LYONAISE PRODUCTION
*Chasuble, chalice veil, stole and maniple*
first quarter of the 18$^{th}$ century
liséré lancé lampas in silk;
114×71 cm (chasuble);
58.5×59.5 cm (veil);
232×24 cm (stole);
96×24.5 cm (maniple)
Church of Santa Margherita a Cancelli
*(inv. 128)*
A motif with both a symmetrical and vertical progression made up of floral trophies with exotic toothed leaves that follow one another vertically within egg-shaped frames outlined by lace ribbons. The very refined fabric, originally conceived for clothing or furnishings, is part of an ornamental category known as "dentelle" or "lace" that was very widespread in France and Venice between the end of the 17$^{th}$ century and the beginning of the next. It was inspired by the extremely expensive and refined needlecraft and pillow lacework, becoming an exclusive fashion item due to the dictates of the court of Louis XIV.

70. ITALIAN PRODUCTION
*Chasuble, stole and chalice veil*
1715-1720
classic brocaded damask à liage répris in silk and silver;
116×70 cm (chasuble);
238×22 cm (stole);
55×54.5 cm (veil)
Church of Santa Margherita a Cancelli
*(inv. 130)*
Fantastic gold thread motifs are combined with delicately colored botanical varieties and arranged on a damask background following parallel undulating lines. The fabric re-works motifs that are typical of Japanese-derived *bizarre* decoration, which were established in France and Venice between the 17$^{th}$ and the 18$^{th}$ centuries and are characterized by completely abstract shapes. The accentuation of the naturalistic rather than the fantastic elements identifies it as a late exemplar of this production type, stylistically similar to the "lush" solutions of the 1730's.

71. TUSCAN PRODUCTION
*Surplice*
beginning of the 20$^{th}$ century
cotton with embroidered flounce;
146×212 cm
private donation
*(inv. 159)*

72. TUSCAN PRODUCTION
*Folding bookstand*
19$^{th}$ century

carved and gilded wood with white lacquer; 30×39×33 cm
Oratory of San Martino
a Pontifogno
*(inv. 93)*
The particular delight of this small folding book stand is its rich profusion of decorative elements and chromatic combinations. The bunches of hanging grapes are connected to a large flower placed at the center in a gaudy progression of white and gold.

73. AGNOLO GUIDOTTI (Fiesole, second half of the 16<sup>th</sup> century)
*Madonna Enthroned with Child and Saints Michael the Archangel and Sebastian*
signed and dated 1575
wooden panel; 193×151 cm
Parish Church of San Pietro a Cascia
*(inv. 3)*
The painting contains the inscription, AGNOLO GHUIDOTTI DA FIESOLE FACEVA MDLXXV, but nothing is still known about this artist as he does not appear in any other artistic source or dictionary. On the basis of a stylistic examination, however, we can conjecture that he was an eclectic painter trained in Florence under Alessandro Allori, (whose influence is especially visible in the solidity of the glazed colors and, particularly, in Saint Sebastian's head), but who was also inspired by the great masters from the beginning of the century, in this case by Andrea del Sarto. In fact, its origins are evident in the *Vallombrosa Altarpiece* that Andrea executed for the Hermitage of Le Celle in 1528 and that is now kept at the Uffizi.

*Display case of icons and Jewish ritual objects*

74. GERMAN PRODUCTION(?)
*Pesach Plate (Passover)*
19<sup>th</sup> century
engraved, chiseled and embossed silver; 30 cm (diam.)
Acquired by the Parish Church of San Pietro a Cascia
*(inv. 181)*
The plate was used at the Passover meal to hold the ritual foods that accompany the reading of the Haggadah, a sacred text of the Jewish religion.

75. RUSSIAN PRODUCTION
*Pair of Kiddush cups*
First half of the 19<sup>th</sup> century and 20<sup>th</sup> century
engraved and embossed silver; 18.5×8.7 cm (covered);
6.5×8.7 cm (each cup)
acquired by the Parish Church of San Pietro a Cascia
Stamps: AM on 1859 in a rectangular field; 84 accompanied by Saint George in a rectangular field; E S in a square field
*(inv. 176)*
The cups were used for the blessing of the wine, *Kiddush*, in order to observe the Sabbath and the Jewish festivals.

76. GERMAN PRODUCTION(?)
*Kiddush cup*
First half of the 19<sup>th</sup> and 20<sup>th</sup> centuries.
engraved, incised, chiseled and embossed silver, fretworked saucer; 18.5×8.7 cm

ENGLISH VERSION

acquired by the Parish Church
of San Pietro a Cascia
*(inv. 177)*

77. AUSTRO-HUNGARIAN
AND RUSSIAN PRODUCTION
*Hand-shaped Pointer (Yad)*
1840
Embossed silver, double twisted wire; 29.5 cm (length)
acquired by the Parish Church
of San Pietro a Cascia
Stamps: four-part circle with the number 13, surmounted by the letter A and flanked by the numbers 1840 in a rounded-arch shape; on the upper silver band: FD or ED in a rectangular field; on the inside of the wrist: 84 in a square field; another illegible stamp
*(inv. 178)*
The hand was used to follow the words, without errors, when reading the *Torah*, the sacred text of the Jewish religion.

78. RUSSIAN PRODUCTION
*Hand-shaped Pointer*
1876
chiseled silver and carved wood; 31 cm
acquired by the Parish Church
of San Pietro a Cascia
Stamps: 84 in a rectangular field; 1876 in a rectangular field
*(inv. 179)*

79. RUSSIAN PRODUCTION
*Traveling Chanukkiah (lamp)*
1867
engraved, chiseled and embossed silver; 4×4.5 cm
acquired by the Parish Church
of San Pietro a Cascia
Stamps: GO (in Cyrillic characters) in a rectangular field; bird in an oval field; IS above 1867 in a quadrilobe field; star in an octagonal field;
*(inv. 180)*
This ritual lamp, in the shape of a little case, is lit during the Chanukah festival in December. The stamps indicate the place and date of production: Russia, 1867.

80. EAST-CENTRAL EUROPEAN
PRODUCTION
*Wedding ring*
19$^{th}$ century
engraved and embossed silver, filigree; 5.7 cm (diam.)
acquired by the Parish Church
of San Pietro a Cascia
*(inv. 184)*
This recent acquisition by the Cascia Parish is a typical wedding ring. Its shape, a small building that recalls the destruction of the Temple of Jerusalem, is a rather widespread typology.

81. DUTCH PRODUCTION
*Container for perfumes*
end of the 19$^{th}$ century
engraved, chiseled and embossed silver; 28.5×9 cm
acquired by the Parish Church
of San Pietro a Cascia
*(inv. 183)*
This article of northern European production most probably dates to the end of the 19$^{th}$ century. It is a singular example of a container for aromatic

herbs or perfumes used in the ceremony that separates the Sabbath from the other days of the week.

**82. RUSSIAN PRODUCTION** (Moscow)
*Circumcision knife*
second half of the 19$^{th}$ century
engraved, chiseled and embossed silver, applied filigree; 4×4.5 cm
acquired by the Parish Church of San Pietro a Cascia
Stamps: 84 in a square field; Saint George in a square field; on the side of the handle AE (in Cyrillic characters)
*(inv. 182)*

**83. RUSSIAN PRODUCTION**
*Traveling candlesticks*
1898 or 1908
engraved, chiseled and embossed silver; 6.5×4.5 cm
acquired by the Parish Church of San Pietro a Cascia
Stamps: MP (in Cyrillic characters) in a rectangular field, 8 on the edges of the wax-catcher plate
*(inv. 185)*
These objects were used when travelling to light the traditional two candles as the hour approached when the Sabbath (*Shabbat*) was to begin.

**84. CENTRAL RUSSIAN PRODUCTION**
*Saints Antipas (?), John the Baptist and Maro*
18$^{th}$ century
wooden panel, plaster, egg tempera, gold leaf, chrysography, colored lacquers; 32.5×27 cm
acquired by the Parish Church of San Pietro a Cascia
*(inv. 186)*

**85. RUSSIAN PRODUCTION**
*Ascension into Heaven of the Prophet Elijah on a Chariot of Fire*
19$^{th}$ century
wooden panel, paper, plaster, egg tempera, silver gilded with *mecca*, i.e. a type of varnish; 49×39 cm
acquired by *the* Parish Church of San Pietro a Cascia
*(inv. 188)*
The icon depicts scenes from the life of the prophet Elijah that is represented on a large scale at the center, and at the top, on the chariot of fire. It is a rather typical work; this subject was often used because of the widespread veneration that Elijah enjoyed among peasants. It is one of the most representative examples among those in Cascia.

**86. CENTRAL RUSSIAN PRODUCTION**
*Mother of God of Smolensk*
19$^{th}$ century
wooden panel, plaster, egg tempera, silver gilded with *mecca,* i.e., a type of varnish; 40×31.5 cm
acquired by the Parish Church of San Pietro a Cascia
*(inv. 192)*
The icon presents a frontal image of the Mother of God with the Child in her arms. Her right hand attracts the attention to the Child (*Hodigitria*). Like many others, the image draws on a 19$^{th}$-century prototype much venerated for its miraculous powers.

ENGLISH VERSION

87. RUSSIAN PRODUCTION
*Saints Boniface, John the Baptist, Demetrius of Thessalonica, Mary of Egypt and (above) the Baptism of Christ*
19$^{th}$ century
wooden panel, plaster, egg tempera, gold leaf; 33×27 cm
acquired by the Parish Church of San Pietro a Cascia
*(inv. 191)*

88. RUSSIAN PRODUCTION
*Chalice*
20$^{th}$ century
gilded silver, polychrome enamels; 22×10 cm
acquired by the Parish Church of San Pietro a Cascia
*(inv. 193)*

89. RUSSIAN PRODUCTION
*Mother of God of the Sign and the Elected Saints*
first decade of the 19$^{th}$ century
wooden panel, plaster, egg tempera, chrysography, silver covering;
6.5×17 cm (open);
6.5×6.2 cm (closed)
acquired by the Parish Church of San Pietro a Cascia
Stamps: on the upper edge of the frame 84 and PS; the assayer's initials and the assay year barely legible; 180
*(inv. 187)*
This is a treasured image in orthodox iconography, greatly venerated in Russia for its powers to work miracles.

*On the wall*

90. SOUTHWESTERN RUSSIAN PRODUCTION
*Four-part Icon*
second half of the 19$^{th}$ century
wooden panel, plaster, egg tempera, gold filigree; 53.5×44 cm
acquired by the Parish Church of San Pietro a Cascia
*(inv. 189)*
This icon represents the Mother of God (upper left); Saint Charalampias (upper right); Saints Boniface, Antipas and Moses the Ethiopian of Skete (lower left); Saints Cyriacus and Julitta (lower right).

91. SOUTHWESTERN RUSSIAN PRODUCTION
*Protection of the Mother of God*
second half of the 19$^{th}$ century
wooden panel, plaster, egg tempera, silver gilded with *mecca*, i.e., a type of varnish; 52.5×47 cm
acquired by the Parish Church of San Pietro a Cascia
*(inv. 190)*
The icon represents the vision that Saint Andrew, the "fool for Christ", had of the Virgin during the Arab siege of Constantinople in 910.

*Work not always on display*

92. JACOPO VIGNALI (Pratovecchio 1592-Florence 1664)
*Saint Anthony of Padua with the Child, Saints Dominic, John the Baptist, Sebastian and Cherubs*

signed and dated 1655
oil on canvas; 226×116 cm
Parish Church of San Pietro a Cascia
*(inv. 10)*
The large painting, the work of one of 17$^{th}$ century Florence's leading figures, is not always on display in the museum because of a lack of space, but it has been included here because it is a work of remarkable artistic and spiritual importance. Its most touching element is the angel in the lower part who enjoins silence on the observers.

## 2 - HALL 2 (MASACCIO ROOM)

This room is entirely dedicated to Masaccio's *Triptych of Saint Juvenal*. The work has recently been transferred here from the Parish Church of Cascia where it had been since 1988. On the six hundredth anniversary of the artist's birth, the room was furnished with didactic panels aimed at illustrating all the Triptych's possible aspects. These ranged from the techniques used for the construction of the panel to the restoration following its attribution, to perspective studies, to the iconography of the saints, etc. A computer station was also set up to provide information on the artist's life and general production, the location of his other works and so on. The didactic panels are to be read beginning from the right of the entrance.

93. MASACCIO (San Giovanni Valdarno 1401-Rome 1428)
*Triptych of Saint Juvenal* (*Madonna Enthroned with Child, two Angels and Saints Bartholomew and Blaise, Juvenal and Anthony the Abbot*)
dated 1422, 23$^{rd}$ April
Inscriptions: (Anno Do)MINI MCCCCXXII A DI VENTITRE D'AP(rile) (central panel), (Ple)NA DOMINUS. TECUM. BENEDICTA (on the throne step), traces of the saints' names (side panels)
tempera on wooden panels;
108×65 cm (central panel);
88×44 cm (each of the two side panels)
Church of San Giovenale di Cascia
*(inv. 1)*

## Masaccio and the Triptych of Saint Juvenal

When Masaccio painted the Triptych intended for the Church of San Giovenale di Cascia, on which the date 23$^{rd}$ April 1422 appears, he was twenty-one years old. In fact, he had been born in Castel San Giovanni in Altura (today, San Giovanni Valdarno) in 1401, the son of Giovanni di Mone Cassai, a notary, and Lady Jacopa from Barberino di Mugello. We know that since 1417 he was in Florence and he was registered as a painter in the Physicians and Pharmacists' Guild in 1422. We have little information on those five years and his pictorial training. However, we can theorize with some certainty that he was an apprentice in the very active and traditional workshop of Bicci di Lorenzo and that he carried out works in his native area, generically recorded by Vasari. Although not cited in sources, the Triptych certainly belongs to his early body of work, or better still, it does represent its very incipit or beginning.

It demonstrates how important the great formal innovations developed in Florence by Brunelleschi and Donatello had been for the training of the young artist, capable of original and very personal developments. At the time, Brunelleschi was about to undertake the construction of the cathedral's dome, and Donatello had already executed the Saint George in Orsanmichele, works which both inaugurated a period of artistic grandeur. Vasari recognized that the influence of these two great artists on the young Masaccio was much more fundamental than that of Masolino da Panicale, who was considered his master at one time but whose role today has been reduced to that of an elder partner, still faithful to the solid late-Gothic traditions that, shortly after, Masaccio would profoundly change.

The Triptych *is perfect testimony of Masaccio's debt to Filippo and Donatello, and of the artist's gradual detachment from the safe harbors of tradition to venture outward on the exciting sea of a new artistic language. In a perspective analysis of the three panels, unified by the pavement's converging lines, the gradualness of the formal renewal is effectively demonstrated. Starting from the left panel with Saints Bartholomew and Blaise – more linked, on the whole, to traditional solutions – it intensifies in the large central icon and in the right panel with Saints Juvenal and Anthony the Abbot, with a progressive increase in force and corporeity. What is striking in all the figures, beyond the extreme respect for the traditional gold background that places them in the light of Paradise, is the strong naturalism that does not undermine but rather strengthens their moral stature. Particularly the robust and solid Virgin and Child, the latter nude for the first time, as in Roman sculptures or Giotto's altarpieces. The perspective, as well as being applied to the impressive throne with the rounded back, is also found in the limbs and the foreshortened views emphasized by the chiaroscuro, as in the Madonna's beautiful hands or in the profiles of the two child-angels kneeling at the sides.*

Also the saints, chosen (apart from Saint Juvenal bearing the same name as the church) because of their role as protectors of the peasant world, have looks, profiles, ears and symbolic objects constructed with a close eye to physical reality, and with increasingly dense colors, as seen in the book held open by a hand that acts as a bookstand. In this book, moreover, Masaccio's autograph has been recognized, which is known from a 1427 tax return. For this reason, this detail has fittingly been chosen as the museum's logo.

Suitable comparisons with this revolutionary work, the first of Renaissance painting, can be established with the Madonna in the Uffizi's Sant'Anna Metterza or with the Madonna in the dismembered polyptych from Pisa that today is in London. However, recent analyses have established, without a shadow of a doubt, Masaccio's own hand also in the drawing beneath, which moreover connects Juvenal's outline with that of a saint in The Tribute Money in the Brancacci Chapel. In his immature but promising experimentation, he made his own determining contribution to the formulation of a new vision, of a new descriptive code. The inscription is also proof of this innovation as it was executed for the first time in Europe, using beautiful classical capital letters. Nor are the learned and biblical references foreign to the young artist since they emerge from the details: the grapes that the Child brings to his mouth, the drapery that veils his nudity, the rings that the Virgin wears on her fingers and the Kufic letters that, according to an obscure and refined tradition, decorate the halos and exalt the Savior (on the basis of a recent interpretation).

Contrary to what was thought in the past, namely, that the work had been immediately transferred from Florence to San Giovenale for the saint's day ($3^{rd}$ May), a more recent hypothesis suggests that the painting was kept for some time in the city where the charm of its innovations captivated the painters of the time.

Its purchaser also remains uncertain, although it appears rather probable that it may have been one of the great Florentine families with vast holdings in the Cascia area, such as the Castellani or the Carnesecchi families. They probably turned to the young painter from the Valdarno perhaps with an eye to saving and involuntarily contributed to opening his painting to new horizons.

For those who wish to study this subject more thoroughly, we would like to point out a volume, still the most complete study of the work up to today. It contains the proceedings of the important conferences held in Cascia, of which the one held in 2000 (Masaccio 1422. Il Trittico di San Giovenale e il suo tempo) was fundamental.

Caterina Caneva

## 3 - Hall 3 (Parish Priest's Chamber)

Inaugurated only in 2003 because of the protracted restoration, the room with its rich 18<sup>th</sup> century wall decoration was given this name perhaps because of its use in the past. Before the restoration, only the small *View of the Parish Church of Cascia* was visible on the wall to the right of the entrance. But during the course of the restoration, other valuable wall paintings re-emerged; on the ceiling, on the right-hand wall and on a small section of the wall opposite the one with the view of the parish church. In this area, the decoration, typical of so-called "architectural illusionism", creates the effect of an open loggia with various views. In the main one, there is a female allegorical figure with the symbols of power, surrounded by beautiful classical buildings. Instead, the ceiling simulates a complex balcony that opens on to the sky (where even exotic birds fly) and is surrounded by plants, large coats-of-arms with allegorical depictions and garlands.

The coat-of-arms above the entry door is that of the Florentine Calderini family that died out in 1601, leaving however to the destitute nobles, benefitting by rotation of their conspicuous income, the obligation to use that specific coat-of-arms. Towards the mid-18<sup>th</sup> century it was the turn of a member of the Ginori family, to whom perhaps this pleasant decoration is owed. Its creation was probably entrusted to a group of decorative specialists, at that time rather fashionable, headed by Giuseppe Del Moro, also active then at the nearby Vallombrosa Abbey.

The objects displayed in this room, open to further additions in the future, include elegant jewelry as well as vestments, altar cloths and holy vessels that are found in the display case next to the entrance. In the display case opposite and in the caskets above, an interesting and curious series of *ex voto* objects are displayed. Over the centuries, these ex voto objects were collected because of the common belief in the miraculous powers of the Cascia *Crucifix*, and around the so-called *Madonna of Comfort* from San Giovenale. The *ex voto* objects include silver hearts, medals, small jewels, rosaries, rings, etc.

94. TUSCAN PRODUCTION
*Pair of caskets containing ex voto offerings*
19<sup>th</sup> century
carved, painted and partially gilded wood; 75×35 cm
Various provenances
*(inv. 100 a-b)*

*Display case opposite the entrance*

95. TUSCAN PRODUCTION
*Series of four small pendants with relics*
18<sup>th</sup> century
silk, gilded and silver-plated metal; 8×6 cm (white); 8×6 cm (green); 6.5×6.5 cm (pink); 8×8 cm (yellow)
Parish Church of San Pietro a Cascia
*(inv. 103)*

These small pendants were traditionally given to babies at their baptism.

**96. VARIED PRODUCTION**
*Series of five rosaries*
13th-20th centuries
Glass and silver or metal;
Various sizes
Church of San Giovenale and Parish Church of San Pietro a Cascia
*(inv. 105)*

**97. TUSCAN PRODUCTION**
*ex voto Heart*
19th century
silver lamina;
11×7 cm
Parish Church of San Pietro a Cascia
*(inv. 106)*
The inscription reads AL S.S.C.O. (crucifix) DI CA(scia) 1886. IL M(arquise) RODOLFO MEDICI PER GUARIGIONE DI TIFO MICIDIALE

**98. ENGRAVER FROM LE MARCHE**
*Official certificate dated 23rd April 1770 declaring that the scrap of black veil rested among the relics of the Virgin in the Holy House of Loreto*
second half of the 18th century
aged paper, scrap of black veil attached above with the embossed stamp of the House of Loreto;
25.5×19 cm
private donation
*(inv. 171)*

**99. TUSCAN PRODUCTION**
*Series of jewels*
end of the 19th century-beginning of the 20th century
Gold, gilded metal, semi-precious stones; various sizes
Parish Church of San Pietro a Cascia
*(inv. 107 a-b-c )*

**100. TUSCAN PRODUCTION**
*Tabernacle curtain*
beginning of the 19th century
Silk gros, metallic thread, sequins, cotton; 64×41.5 cm
Parish Church of San Pietro a Cascia
*(inv. 167)*

**101. ROMAN AND TUSCAN PRODUCTION**
*Series of three medals*
18th-19th centuries;
silver; 4.5 cm (diam.);
4.3 cm (diam.); 4.2 cm (diam.)
Church of San Giovenale a Cascia
*(inv. 108 a-b-c)*

**102. TUSCAN PRODUCTION**
*Two pendant-earrings*
17th- 18th centuries
rock crystal and silver; 3×2 cm
Parish Church of San Pietro a Cascia
*(inv. 102)*
Among the *ex voto* jewels donated, these earrings represent the most ancient and valuable example.

**103. VARIOUS PRODUCTION**
*Series of 12 rings*
18th-20th centuries
Various metals, cornelian, agate, glass paste and non-precious stones; various sizes
Church of San Giovenale and Parish Church of San Pietro a Cascia
*(inv. 104)*

104. TUSCAN PRODUCTION
*Three chalice palls*
end of the 18th-beginning
of the 19th century
Silk gros, metal thread, polychrome silks; 14×14 cm; 13×13 cm; 12×12 cm
Villa I Mandri (gift of Anselmi Medici Tornaquinci)
(*inv. 166 a-b-c*)

*On the wall*

105. TUSCAN PRODUCTION
*Stations of the Cross*
18th century
14 hand-tinted etchings;
carved wood frames; 12.5×8 cm
Villa I Mandri (gift of Anselmi Medici Tornaquinci)
(*inv. 172*)

*Display case on the left of the door*

106. TUSCAN PRODUCTION
*Chalice pall*
18th century
silk gros, gilded and silver-plated metal thread; 15×15 cm
Parish Church of San Pietro a Cascia
(*inv. 168*)

107. TUSCAN PRODUCTION
*Two ampullae and tray*
18th century
glass, silver; 17×9.5 cm; 16×21.5 cm
Villa I Mandri (gift of Anselmi Medici Tornaquinci)
(*inv. 52*)
The ampullae are extremely refined for the open decorations that take up a large part of their surface and are typical of the 18th century. They were most probably used in a private chapel.

108. TUSCAN PRODUCTION
*Chalice Pall*
18th century
silk satin, metal thread, sequins;
15×15 cm
Parish Church of San Pietro a Cascia
(*inv. 169*)

109. TUSCAN PRODUCTION
*Chalice*
end of the 14th century-beginning of the 15th century
Chiseled and gilded silver and copper; 18×10 cm
Parish Church of San Pietro a Cascia
(*inv. 29*)
The shape and characteristics of the chalice refer to a late Gothic style that lasted into the early decades of the 15th century. Inside the clipei on the knot, originally probably embellished with colored enamels now lost, are depicted Christ, the Virgin, Saint John and other figures of saints. The same technique was probably used for the decoration along the stem. The chalice has undergone many restorations over time.

110. TUSCAN PRODUCTION
*Cross*
17th century
rock crystal, silver; 5×4 cm
Parish Church of San Pietro a Cascia
(*inv. 101*)
Among the *ex voto* objects in the museum, this cross is one of the most ancient and valuable.

111. TUSCAN PRODUCTION
*Small cushion for liturgical use*
end of the 18th-beginning
of the 19th century
silk gros, metal thread, sequins;
9×14 cm
Villa I Mandri (gift of Anselmi
Medici Tornaquinci)
*(inv. 170)*
This article in white silk gros is finely embroidered using a metallic gilded thread; the applied sequins increase its luminosity.

112. TUSCAN PRODUCTION
*Viaticum chalice and pyx*
18th-19th centuries
brass; 10×5 cm, 9×4 cm
Villa I Mandri (gift of Anselmi Medici Tornaquinci)
*(inv. 60 a-b)*

113. TUSCAN PRODUCTION
*Series of two viaticum pyxes*
18th-19th centuries
Silver and silver-plated metal;
11×4 cm; 12×6 cm
Villa I Mandri (gift of Anselmi Medici Tornaquinci)
*(inv. 61 a-b)*

114. TUSCAN PRODUCTION
*Series of two containers for holy oil and an altar bell*
17th century
various metals;
3×3.5 cm; 5×4 cm; 8×5.5 cm
Parish Church of San Pietro a Cascia and Villa I Mandri (gift of Anselmi Medici Tornaquinci)
*(inv. 43)*

## 4 - STAIRWAY TO THE FIRST FLOOR

Exiting the "Parish Priest's Chamber", we re-enter the Masaccio Room and from here we find the staircase, (also accessible to the disabled) immediately to the left that leads to the first floor and to Halls 4 and 5. On the walls, there are photographic reproductions that illustrate the interiors and exteriors of the Cascia parish church before restoration work began in the mid-1960's that returned it to its austere Romanesque look. On the last landing, there are two beautifully embroidered chalice veils displayed in frames.

115. FLORENTINE PRODUCTION
*Chalice veil*
second half of the 17th century
Taffeta embroidered in gold thread;
68.5×68 cm
Parish Church of San Pietro a Cascia
*(inv. 122)*

116. FLORENTINE PRODUCTION
*Chalice veil*
second half of the 17th century
Taffeta embroidered in silk, gold and silver threads; 62.5×60 cm
Parish Church of San Pietro a Cascia
*(inv. 123)*

ENGLISH VERSION

FIRST FLOOR

5 - HALL 4

This little room houses two display cases. The one on the right is dedicated to splendid vestments and quality wooden furnishings while in the one to the left, there are various types of objects. The *Deposition of Christ*, in particular, should be pointed out for its archaic and striking characteristics, as well as a beautiful processional mace painted on both sides, with the *Annunciation* on one and a young *Saint Lawrence* on the other. Both were carried out at the turn of the 17th century, as well as some "practical" tools, their use now having been superseded but which remain a part of the parish church's daily history, like the *traccola* (See below) and the alms boxes. Right next to the staircase there is an extraordinary 18th century *terracotta oil jar* with its characteristic mouth, from where the visit begins in a clockwise direction.

117. TUSCAN PRODUCTION
*Frame for an aedicule with an embroidered curtain*
end of the 18th century-beginning of the 19th century
Gilded and carved wood; 80×45 cm; artificial fabric from the 20th century with embroidery appliques in polychrome silks and gilded metal thread, end of the 18th-beginning of the 19th centuries
Church of San Giovenale a Cascia
*(inv. 91)*

*Display case to the right*

118. FLORENTINE PRODUCTION
*Three-piece set of vestments*
end of the 16th century -beginning of the 17th century
Bi-colored damask in silk and linen; 150×290 cm (cope); 119×137×103 cm (tunicle); 220×21.5 cm (stole); 82×20 cm (maniple)
Parish Church of San Pietro a Cascia
*(inv. 114)*
It has a mesh motif with two different thistle flowers, a motif that, conceived in Florence, marked the success of its textile industry between the 16th and 17th centuries. The larger lobed rings in the tree-like grid of the tunicle highlight the use of a different fabric that, however, is related to the same ornamental typology. On the tunicle's lower part and in the center of the cope's shield there is a divided coat-of-arms with the heraldic emblems of the Medici and Concini families, the vestments' purchasers. In fact, the Concini family was closely tied to the Medicis, receiving from them important acknowledgements of their service. Bartolommeo was the secretary of Cosimo I and his son Giovanbattista the chief secretary of Francesco II. Bartolomeo di Battista was elected senator by Cosimo II in 1615 while his brother, Concino Concini, followed Maria de' Medici to France when she married Henry IV.

119. TUSCAN PRODUCTION
*Surplice*
end of the 19th century-beginning of the 20th century

Linen with embroidered filet flounce;
144×156 cm
private donation
*(inv. 161)*

120. TUSCAN PRODUCTION
Expositorium
second half of the 19th century
carved, gilded wood, painted silver;
37×30 cm
Parish Church of San Pietro a Cascia
*(inv. 95)*

121. TUSCAN PRODUCTION
Expositorium
second half of the 19th century
carved, gilded wood, painted silver;
40×33 cm
Church of Santo Stefano a Cetina
*(inv. 88)*

122. TUSCAN PRODUCTION
*Multiple box reliquary with armorial bearings*
second half of the 18th century
gilded and carved wood; 39×33×17 cm
Parish Church of San Pietro a Cascia
*(inv. 87)*
This reliquary is distinguished from the others for its sophisticated engravings, including a coat-of-arms with two towers and a cardinal's hat. The relics of the church's titular saint, Peter, are kept inside the casket. The object is still today displayed in the church during his feast.

123. TUSCAN PRODUCTION
*Crowning of a cross arrangement*
18th century
gilded and carved wood;
50 cm (diam.)
Oratory of San Martino a Pontifogno
*(inv. 89)*
This piece of mobile furnishing, meant to crown a processional cross, presents a lively carved scene of Saint Martin on his horse as he cuts his cloak to give it to a poor man and is enclosed by a botanical garland.

*Display case to the left*

124. TUSCAN PRODUCTION
*Monstrance reliquary*
18th century
gilded and silver-plated metal lamina on a wooden support; 41×20×11 cm
Church of Sant'Agata in Arfoli
*(inv. 53)*

125. TUSCAN PRODUCTION
*Monstrance multiple reliquary*
18th century-19th century
embossed brass lamina on a gilded wooden support; 41×21×8 cm
Church of Santo Stefano a Cetina
*(inv. 63)*

126. TUSCAN PRODUCTION
*Monstrance*
18th century-19th century
Stamped, silver-plated metal;
52×12.5 cm
Church of San Niccolò a Forli
*(inv. 62)*

127. TUSCAN PRODUCTION (?)
*Deposition of Christ from the Cross*
13th century-15th century
carved and painted wood;

ENGLISH VERSION

70×17×10 cm
Church of San Niccolò a Forli
(inv. 21)
This sculpture was carried out according to archaic models and characteristics, evident in the anatomical rendering and the polychrome treatment. Despite the summary execution of some details, the work has a great visual and devotional impact.

128. TUSCAN PRODUCTION
*Alms Box*
17<sup>th</sup> century
wood, metal; 25×12×10 cm
Parish Church of San Pietro a Cascia
(inv. 97)

129. TUSCAN PRODUCTION
*Processional Insignia*
end of the 17<sup>th</sup> century-beginning of the 18<sup>th</sup> century
Carved painted, tinted wood;
21×16×4 cm
Parish Church of San Pietro a Cascia
(inv. 84 a-b)
The processional insignia is decorated in a lively style with the reference images of the Companies of the Parish Church of Cascia. On one side, we see an *Annunciation* and on the other there is an image of the young *Saint Lawrence* with his gridiron, the instrument of his martyrdom.

130. TUSCAN PRODUCTION
*Monstrance reliquary*
First half of the 19<sup>th</sup> century
gilded and carved wood; 51×26×11 cm
uncertain provenance
(inv. 94)

131. TUSCAN PRODUCTION
*Traccola*
19<sup>th</sup> century
wood; 30×18×9 cm
Church of San Donato in Fronzano
(inv. 97)
This noise-maker was used in the past to call the faithful during the Holy Week when the bells could not be rung. Despite its extremely simple realization and material, it has enriched the museum's patrimony as evidence of an ancient custom.

132. TUSCAN PRODUCTION
*"Madonna of Comfort"*
second half of the 18<sup>th</sup> century
modeled and painted plaster, wooden frame; 16.5×16.5 cm
Parish Church of San Giovenale a Cascia
(inv. 96)
The image of the *"Madonna of Comfort"* was particularly venerated at San Giovenale.

133. TUSCAN PRODUCTION
*Altar bell*
19<sup>th</sup> century
bronze and wood; 17 cm
Church of San Tommaso a Ostina
(inv. 73)

134. TUSCAN PRODUCTION
*Alms box*
20<sup>th</sup> century
inlaid wood, mother-of-pearl;
28×21 cm
Parish Church of San Pietro a Cascia
(inv. 99)

# 6 - Hall 5 (Parish Priest's Study)

This room recreates the atmosphere of how the "Parish Priest's Study" might have been, as well as containing here the portraits, carried out between the 17th and 19th centuries, of some of Cascia's parish priests and bishops of Fiesole, who were members of important Florentine families. The latter often demanded the rights of the parish church for themselves, not only to enjoy staying there but also to receive its revenues. In this room, where the parish's important *Archivio storico* (Historical Archives) will be housed in the future in a special cupboard, there are two modern pieces of furniture on the left-hand wall that are used for the permanent storage of antique vestments and fabrics. These are displayed in the museum on a rotational basis in order to let them "rest" and thus enabling a better conservation. In the large 19th century showcase on the back wall, there are some beautiful cases for the *Libri delle Compagnie* (books of the Companies), in red velvet and silver as well as a sampling of historical documents from the previously mentioned Archives.

The visit continues in a clockwise direction.

135. IGNAZIO HUGFORD
(Pisa 1703-Florence 1778) and assistants
*The Blessed Erizzo*
mid-18th century
oil on canvas; 130×100 cm
Parish Church of San Pietro a Cascia
*(inv. 13)*

136. TUSCAN PRODUCTION
*Altar book stand*
18th century
gilded and carved wood; 105×65×50 cm
Parish Church of San Pietro a Cascia
*(inv. 86)*
The large-scale book stand mirrors the lush decorative canons of late Baroque. Richly carved, the stand has elegant trimmings and embellishments such as three of the originally four small pyx-shaped sculptures, which are placed at the corners of the book rack. It holds a modern but faithful reproduction of the 15th century *Codice Squarcialupi* in which famous musicians and composers are portrayed and praised, including Giovanni da Cascia (1270?-1351).

137. IGNAZIO HUGFORD (Pisa 1703-Florence 1778) and assistants
*Saint Bernard degli Uberti*
mid-18th century
oil on canvas; 130×100 cm
Parish Church of San Pietro a Cascia
*(inv. 12)*
The painting (like its companion at no. 135) is considered a replica of two similar paintings in a series of fourteen that Hugford carried out for the refectory of the Vallombrosa Abbey between 1745 and 1748 which depict the saints and beatified members of the Vallombrosan Order. He was the son of an English watchmaker who had been in the service of Cosimo III de' Medici since 1683 and the brother of the Order's abbot Enrico, a recognized expert in the *scagliola* technique. Ignazio Hugford was an appreciated painter and re-

ENGLISH VERSION

storer, with elegant drawings and an expert in the use of color.

138. "E. NICCHERI" (second half of the 19th century)
*The Cascia Parish Priest, Paolo Beni*
signed on the back and dated
on the front P.P.B.1875
oil on canvas; 86×74 cm
Parish Church of San Pietro a Cascia
*(inv. 20)*
A decorous product of 19th century portraiture by an unknown artist, the painting shows the image of the Parish Priest who left some other mementoes of his time at Cascia, such as the beautiful chalice with his initials. (See no. 50).

139. TUSCAN PRODUCTION
*Camillo Tabarrini, Parish Priest of Cascia from 1688 to 1740*
end of the 18th century
oil on canvas; 73×61 cm
Parish Church of San Pietro a Cascia
*(inv. 16)*
The inscription has identified the subject: ADM.R.US.D.NUS CAMILLUS/TABARRINIUS PLEBIS CASCIE/PLEBANUS ELECTUS ANNO 1688. The prelate was the author of a lively and detailed diary that has been useful in becoming acquainted with the parish's history at the turn of the century.

140. PIETRO DANDINI
(Florence 1646-1712)
Pietro de' Filippini, Parish Priest of Cascia from 1673 to 1688
1680's
oil on canvas; 64×52 cm
Parish Church of San Pietro a Cascia
inscription: R. PIETRO DE' FILIPPINIS / ELECTUS PLEBANUS ANNO 1673 / VIXIT ANNOS 53 MENSES 6 / ORI IT ANNO 1688
*(inv. 14)*
It is the most valuable portrait of those on display. It was painted by one of the leading figures of the Florentine school from the second half of the century, a skillful and rapid creator of large decorative cycles, altarpieces and hall paintings. The inscription, which also reports the date of the parish priest's death, is thought to have been added after the portrait was carried out, given the subject's still vigorous and youthful appearance.

141. TUSCAN SCHOOL
Presumed portrait
of *Francesco Maria Ginori, Bishop of Fiesole (1736-1775)*
18th century
oil on canvas; cm 73×52
Parish Church of San Pietro a Cascia
*(inv. 19)*

*Showcase on the back wall*

142. TUSCAN PRODUCTION
*Case for the Chapters of the Company of the Holy Sacrament*
first quarter of the 19th century
Embossed silver, red velvet; 25.5×18.5 cm
Church of San Tommaso a Ostina
*(inv. 81)*

143. TUSCAN PRODUCTION
18th century
*Case for the Chapters of the Company of Saint Agatha*
Embossed silver, red velvet;
26×19 cm
Church of Sant'Agata ad Arfoli
*(inv. 80)*
This case is perhaps the most precious and sophisticated in the museum, given the presence of a well-made miniature depicting Saint Agatha in the center of the cover. The object's refinement and quality bear witness to the wealth of the relevant Company.

144. TUSCAN PRODUCTION
*Case for the Chapters of the Company of the Holy Sacrament*
18th century
silver-plated and embossed brass, red velvet; 23×16.5 cm
Church of Santi Giusto e Lucia a Rota
*(inv. 77)*

145. TUSCAN PRODUCTION
*Case for the Chapters of the Company of Saint Anthony the Abbot*
19th century
Embossed silver, red velvet; 19×13 cm
Oratory of San Martino a Pontifogno
*(inv. 79)*

146. TUSCAN PRODUCTION
*Case for the Chapters of the Company of the Holy Sacrament*
18th century-19th century
Embossed silver, red velvet;
19×14 cm
Church of San Niccolò a Forli
*(inv. 78)*

147. TUSCAN PRODUCTION
*Pair of insignia of the Members of the Company of the Holy Sacrament*
20th century
stamped and silver-plated metal;
19×7.5 cm
Church of San Niccolò a Forli
*(inv. 82)*

148. TUSCAN SCHOOL
*Tommaso Della Gherardesca, Bishop of Fiesole (1702-1703)*
beginning of the 18th century
oil on canvas; 62×52 cm
Parish Church of San Pietro a Cascia
*(inv. 17)*

149. TUSCAN SCHOOL
*Luigi Maria Strozzi, Bishop of Fiesole (1716-1735)*
first half of the 18th century
oil on canvas, 61×56 cm
*Parish Church of San Pietro a Cascia
(inv. 18)*

150. OTTAVIO DANDINI (?)
(Florence 1690 circa-after 1740)
*Filippo Neri Altoviti, Bishop of Fiesole (1674-1702)*
1702
oil on canvas; 62.5×49.5 cm
Parish Church of San Pietro a Cascia
*(inv. 15)*
The inscription on the back DEL FIGLIUOLO DI PIETRO DANDINI, CELEBRE… 1702, assigns the painting to the less well-known son of the famous and gifted Pietro Dandini (see no. 140).

ENGLISH VERSION

## From Florence to the Masaccio Museum of Sacred Art in Cascia di Reggello

On leaving the centre of Florence and crossing the Arno River over the Giovanni da Verrazzano bridge (one of the most recently built in decades), we turn down viale Donato Giannotti continuing into viale Europa. This thoroughfare cuts through a bustling neighbourhood with important historical and artistic buildings, mostly of a religious character. As soon as you reach via Danimarca, turn right and proceed along via di Ripoli to the **badia a Ripoli**, located on the piazza bearing the same name, its origins dating back to the $7^{th}$-$8^{th}$ century. Originally a Benedictine convent, it was later home to the Vallombrosan monks and was ultimately suppressed during the early years of the $19^{th}$ century. The church, dedicated to *St. Bartholomew*, was renovated in the late $16^{th}$ century (1598) when a portico was added, and then again, particularly in the 1800s and in the 1930s. The interior, with its single aisle and crypt, houses important works of art that include: *Madonna in Glory and Saints* by Francesco Curradi in the main chapel, *Countess Matilde Presents the Charter to the Church* by Giovanni Camillo Sagrestani (1706) in the presbytery to the left, and in the votive chapel to the right of the main chapel, a *Madonna with Child and Saints* by Jacopo Vignali (1630). Continuing along Via di Ripoli, the first building we come to is the Church of **San Pietro in Palco**, which, following its consecration in the second half of the $14^{th}$ century, underwent various alterations and has been recently restored. Continuing along Via di Ripoli, but taking a small detour just after the village of Sorgane, on the right we come to the parish Church of **San Pietro a Ripoli**, of which there is written evidence beginning from the $8^{th}$ century (even though it rose from the ruins of an earlier building). Its original structure has been repeatedly altered over the centuries. Towards the middle of the $18^{th}$ century the building took on the late baroque appearance in vogue at the time, and later, in 1932-1933, they sought to return the entire building to its medieval appearance. On the outside, worthy of note, is the bell-tower, the tripartite façade with its small $14^{th}$-century portico, and the Renaissance portal. The interior, with two aisles and a nave ending in an apse, retains only a few examples of its original decoration (which must have covered it entirely): *Christ in Pietà and the Symbols of the Passion* and an *Annunciation* in the last bay of the right aisle, and fragments of an *Annunciation of the Virgin* in the left aisle. All the aforementioned frescoes have been attributed to Pietro Nelli (late $14^{th}$ century). A painting by Orazio Fidani dated 1638 representing the *Beheading of St. John the Baptist* can also be noted (Proto Pisani, 1994).

Returning along viale Europa and continuing in the direction of Rosano on one of the picturesque and enchanting hills that dot the countryside, the Church of **Santa Maria a Quarto** can be admired on the right, in the municipal district of Bagno a Ripoli. The building, although dating back at least to the 13th century, underwent restoration in the 1930s with neo-Gothic additions.

Works that are housed there include, among others, a *Madonna* by Bicci di Lorenzo and an *Annunciation* by Neri di Bicci.

Coming onto the Via di Rosano and proceeding through the gully of **Vallina**, we reach **Villamagna**, where many important buildings can be found. Standing out as one of the most important parish churches in the Florentine territory is **San Donnino a Villamagna**. The current edifice dates back to the year one thousand, when it was erected on the ruins of an 8th-century structure. After being restored in 1930, when the baroque additions were removed, the parish church regained in part its "austere Romanesque form". The exterior, "with walls showing courses in *alberese* stone", presents "a simple gabled façade" "with two lowered lateral roof slopes and a portal framed by white stone blocks", a bell-tower that rises with three storeys of double-mullioned windows, and a belfry added at a later date (UNGAR 1999). The interior has a nave and two aisles supported by rectangular pillars surmounted with round arches and a Gothic ribbed-vault apse. Among the numerous works of art housed in the church are: the triptych *Madonna with Child and Saints* by Mariotto di Nardo (dated to 1394-1395) halfway down the right aisle. At the head of the left aisle is a *Madonna with Child between Saints Gerard and Domninus<<* by Francesco Granacci, a painter who was born right in Villamagna in 1477 and who was trained in the workshop of Ghirlandaio. The panel *Madonna Enthroned and Saints* can be seen halfway down the left aisle and is attributed to a member of the Ghirlandaio family, David. Proceeding once more along the road that closely follows the Arno River, the conformation of the territory lets us admire the villa **Le Falle** on the opposite bank of the river (in Compiobbi), also noteworthy for the beauty of its gardens. The building once belonged to the Florentine Guadagni family and was reconstructed in the late 16th century by the architect Gherardo Silvani. As we admire the pleasant and scenic countryside on both sides of the Arno, we come to a small junction on Via di Rosano that takes us to one of the most picturesque and unique buildings that dot the river banks: the **Gualchiere di Remole**, or fulling mills of Remole. The building's history in its present form – for housing machines used to full wool – is closely connected to the events concerning the Albizi family, one of the most powerful in 14th – century Florence. In the first half of that century, the Albizi family spent enormous sums of money for those mills located along both banks of the Arno upriver from Florence. They purchased the fulling mills of Girone, Quintole and also Rovezzano and built the structure in Remole in order to create a network for the utilisation of the river so closely tied to the processing of wool. The specificity of the Gualchiere di Remole is above all due to the modernity of the building plan of the works that, constructed in 1326, included twenty fulling hammers(for beating the cloth in the wool felting phase), divided into five adjacent dwellings suitable for housing the labourers who worked there. In 1334 the tower and the *colombaia* (a kind of penthouse in the shape of a dovecot) were added to this original nucleus, thus giving it the appearance of a small village protected by a circle of crenelated walls. There was a communal area in its centre surrounded by several buildings including a small church with a cloister, where the fullers and domestic servants with their families lived and worked. Although it lost its original importance beginning from about 1429, the works were used as a fulling mill until the start of the 20$^{th}$ century, and what makes it so fascinating is that the exterior wall structure of the complex still retains its original 14$^{th}$-century appearance even after obvious additions and restorations carried out in modern times that do not, however, spoil the structure on the whole (FABBRI, 2004).

Returning onto Via di Rosano, after a few kilometres we reach, on the right, the so-called Piramidi di Rosano or Pyramids of Rosano, two small, very picturesque pyramid-shaped hills that lead us to **Rosano**, a village that rose up around the important **Abbey of Santa Maria**, a Benedictine convent that was founded, according to tradition, in 780, and that is mentioned in documents as far back as the early 11$^{th}$ century. Alterations on the buildings that comprise the original nucleus of the abbey took place starting from the 12$^{th}$-13$^{th}$ centuries up until the end of the 18$^{th}$ century, while the church, because of damage it suffered during World War II, was restored to its original medieval state. Since the nuns are strictly cloistered, visits to the complex are very limited. The cloisters are accessible only during the feast of Corpus Domini, while the church is open only during liturgical services. This three-aisled church with a wood trussed ceiling houses important works of art such as a *baptismal font* from 1423, an *Annunciation* by Jacopo di Cione, dating back to about 1365, and a triptych by Giovanni da Ponte with the *Annunciation and Saints* from 1434. But among the works of art housed in the church the *Crucifix with Stories from the Passion and Resurrection of Christ,* attributed to an artist who has been given the name of "Master of Rosano", especially stands out. It is dated to 1129 with reference to the reconsecration of the church. The restoration of the panel, executed from 1993 to 2006, further enhanced the extremely high quality of the work – it is the most ancient painted Cross in wood still existing – and the study that has ensued following this restoration will undoubtedly shed new light on its anonymous Roman-born author, who, in an extraordinarily innovative way, depicted Christ's features triumphans and the events related to his Passion and Resurrection with such great mastery (MONCIATTI, 2007).

From the village of Rosano we cross over the Arno River to reach the city of **Pontassieve**, located at the confluence of the Arno and one of its tributaries, the Sieve. The name of the city, which means bridge over the Sieve, comes from the bridge that was constructed over this river, the importance of which rapidly increased from the 13th century «when the economic and demographic growth of the city of Florence brought to the forefront the problem of transport of goods and in particular the supply of foodstuffs» (MARTELLI, 2003). The medieval bridge was reconstructed in 1555 and nearby you can see the convent of San Francesco, also built during the Medicean period, that has a noteworthy 17th-century portico. The bridge where the "strada statale" (state road) runs, downriver from the older one, was built during the Lorraine period and has undergone various renovations throughout time. Of its original 13th-century nucleus the town centre retains, besides its structure (with its "walled" upper part and the 19th century village below it): the Porta ARETINA OR Aretina Gate, also called the Torre dell'Orologio (Clock Tower) and the Porta Fiorentina or Florentine Gate, both from the 14th century.

From Pontassieve we proceed along the SS 69 state road to reach **Sant'Ellero,** a town that until the beginning of the 20th century held great importance because from there, like elsewhere, it was possible to cross the Arno, crossings that were in time supplanted by bridges and roads. It was, in fact, by barge that people travelled from one bank to the other. This crossing at Sant'Ellero in particular was important for the economy of the territory because it was used to transport lumber from the forests of Vallombrosa to the city. In the village, surrounded by a very picturesque setting, you can admire: the pretty Church of **Santa Maria a Sant'Ellero,** the interior of which contains a recently restored *Birth of the Virgin,* a fine painting carried out in 1773 by Pietro Berti (PASQUINI, 2003). At one time this building was part of the Sant'Ilario Benedictine convent in Alfiano, whose name was formerly associated with the **castle of Sant'Ellero,** possibly built to protect it and still retaining its medieval structure in the partially rebuilt central tower and in the remaining sections of the walls.

Continuing along the same road, we come to the town of **Donnini,** where in the new church dedicated to the Virgin of Carmel, there is an *Annunciation* by Francesco Curradi. There we turn into the **Strada dei Sette Ponti** (Road of the Seven Bridges), famous for the numerous and ancient parish churches (Pelago, Pitiana, Cascia, Scò, Gropina and San Giustino) that are encountered along the way and that connected Pratomagno to Florence and Arezzo, and then on to Rome. The more than thousand-year old name of this "Road" (running partly along the route of the *Cassia vetus*), has origins that are not entirely resolved. On one hand it can be explained by the presence of the structures that cross the watercourses (that, anyway, are certainly more than seven), or it could be tied to the symbolic and ritual value of the number seven, that would link pagan gods once venerated there to Christian saints to whom had been dedicated the numerous religious buildings that are found along the route. We start with the parish Church of **San Pietro a Pitiana** of Romanesque origin, that retains its ancient bell-tower with single and double-lancet windows and a partial trace of its three-aisled structure. Entering through a 16th-century portico, the interior houses two of the three paintings that Ridolfo del Ghirlandaio painted for this church. In fact, when from the ancient patronage of the Cavalcanti family it was bequeathed to the hospital of Santa Maria Nuova in Florence, Leonardo Bonafé, the *spedalingo* (official in charge) from 1500 to 1529 acted as a mediator to promote the embellishment of the church, and consequently the son of Domenico Ghirlandaio was commissioned to paint a *Madonna with Child and Saints* for the main altar in 1512 (now part of a private British collection), while between 1513 and 1518 for the right lateral chapel he painted the *Madonna with Child, Angels and Saints John Gualbert and Augustine* (recovered and placed here again in 2000: CANEVA, 2000), and lastly, the *Annunciation* in the votive chapel on the right-hand side. On the exterior, from which there is a wonderful view of the valley, several coats-of-arms can be seen that recall both the patronage of the Cavalcanti family as well as that of the hospital of Santa Maria Nuova. A memorial plaque recalls that it was here that the philosopher Marsilio Ficino wrote his *Theologia platonica* between 1469 and 1474. From the parish Church of Pitiana, detouring to the right from the Strada dei Sette Ponti we reach the Church of **San Clemente a Sociana** which «has a very simple single-aisle structure, a short transept and a square apse; on the exterior there is a small bell gable and a portico, the result of the latest restoration executed in the 1960s» (BENCISTÀ, 1999), a restoration that followed those done in 1580, 1733 and 1877. Very important works of art are housed there, beginning with the bas-relief located on the altar in the left arm of the transept, the *Madonna with Child* attributed to Antonio Rossellino which dates back to the seventh and eighth decades of the 15th century, the two *Candleholder-angels* attributed to Mino da Fiesole dating back approximately to 1480, and also the panel *Our Lady of the Assumption and Saints* attributed to Girolamo Macchietti (CANEVA 1999).

Returning to Pitiana and proceeding in the direction of Reggello, standing above the town, we come to the Church of **San Donato in Fronzano**, first mentioned in written documents in 1029. Although it underwent various reconstructions over the centuries (mostly in the 17th and 18th centuries), its recent restoration brought to light what was still existing of the primitive Romanesque construction. Remains of frescoes attributed to Paolo Schiavo can be seen on the interior walls and the organ from the second half of the 18th century is also worthy of note. From here taking a secondary road we come to a very picturesque building (even if the last few years have seen it fall into an incomprehensible state of neglect): the Castle of **Sammezzano**, a construction of ancient origins (it is thought that Charlemagne stayed there in 780) that underwent repeated transformations until, in the early 17th century (1616), it was acquired by the Ximenes of Aragon family, whose descendent, the architect Ferdinando Panciatichi, in 1853 gave it its present day appearance. In compliance with the dictates of the eclectic romantic taste of the time, he created a Moorish style building reminiscent of the Alhambra and Indian pagodas. It is from this mixture of decorative elements of different origins that this magical one-of-a-kind building in central Italy came into being. Its park is one of the largest in Tuscany, and is in the same style as the castle, the owner, in fact, had many exotic and rare plants put there among lovely buildings in Moorish style too.

Returning onto the Strada dei Sette Ponti and upon reaching the village of **Pietrapiana**, a road leads down to the parish Church of **Sant'Agata in Arfoli**, built, according to tradition, following the wish of Matilde di Canossa.

It is a Romanesque building dating back perhaps to the 11th-12th centuries. Even though it underwent various alterations over the years, both on the interior and the exterior, following a restoration lasting from 1966 to 1968 it was returned as much as possible to its original state (it went from being a single-aisle church to one in the shape of a Latin Cross between the 17th and 18th centuries). The four-columned portico against the Romanesque façade can be admired on the exterior; the portico originally held the 14th century frescoes of *Scenes from the Life of Saint Agatha*, now housed in the presbytery. Many works of art can be found in the interior: on the right wall there is a tombstone, with the date 1126, of the sepulchre belonging to the Ardimanni family, the patrons of the church; further ahead is a niche with a 17th century cornice holding two frescoes from the mid-15th century: the *Madonna Enthroned between Saints Macarius and John the Baptist* and the *Annunciation* above it. In the right arm of the transept is a precious organ from 1756, the aforementioned frescoes from the portico are in the presbytery, and the tabernacle on the altar is from 1450. Originally the chapel dedicated to Saint Agatha was located in the left arm of the transept (now dedicated to the Holy Sacrament) which, together with the nave, was the former nucleus of the building. On the left-hand wall there's an *ambo* fragment with zoomorphic and geometric decorations dating back to the 8th century. Further ahead is a niche with a fresco dating to 1497 of *Madonna Enthroned with Child and Saints Anthony, Sebastian and Patron*. If the work can be attributed to Raffaellino del Garbo, then it is believed the patron depicted is Filippo Ala-

ENGLISH VERSION

235

manni, who had the patronage of the church starting from 1457. Finally, mention must be made of the *Baptismal font,* whose basin dates back perhaps to the 11th century and was discovered among the stones that were used for the work carried out in the cloister. It is in this small cloister dating back to 1228, whose entrance is from the right arm of the transept, that four original angle columns, from the 13th century, are found, two of which have 15th-century capitals.

From the Church of Sant'Agata we take a secondary road to the right leading to the villages of Cancelli and Leccio (in the direction of Rignano), and we come to villa **Bonsi**, part of an estate extending to the hills facing the Arno. Built in the 15th century by the Florentine family Bonsi della Ruota, the building was transformed into a convent during the 17th century, and two centuries later it became the property of the Budini Gattai marquises (still the current owners), who had the architect Raffaele Sorbi construct a neo-Gothic country residence.

Returning once again to the village of Pietrapiana and heading in the direction of Reggello, the Church of **San Michele a Caselli** is easy to reach. There is written evidence of it as far back as the 13th century; it has a single aisle, and underwent reconstruction in the 17th and 18th centuries when the late baroque changes were made, still evident in the stucco work that adorns the interior walls of the building. From here we finally reach the town of **Reggello**, whose position close to the Pratomagno mountain range makes it ideal for pleasant mountain excursions. Probably to be identified with the ancient Castelnuovo in the parish of Cascia – to differentiate it from Castelvecchio, which belonged to the Guidi counts – the village became a part of the dominion of Florence between the late 13th century and the early 14th century when, in 1385, the castle was fortified. Its current name (Reggello), meaning the capital of a community, goes back to a law promulgated in 1773 by the Grand Duke Pietro Leopoldo. In the town you can visit the City Hall (The coats-of-arms of several Podestàs who held office here can be seen on its façade) and the parish Church of San Jacopo, founded on the pre-existing oratory (dedicated to that saint), with a single aisle structure. The building, although it underwent modernisation during the 20th century, contains furnishings mostly from the 17th century. A 16th century wooden *Crucifix* is displayed in the presbytery. Heading north from the Church of San Jacopo in Reggello we come to the Church of **San Martino a Pontifogno**, a single aisle building with the characteristic structure of a 13th-century rural place of worship, on which alterations were carried out in the 18th and 19th centuries. The addition of a columned portico on the façade is typical of the entire area crossed by the Strada dei Sette Ponti, as we have seen. Heading south from Reggello is the oratory of **Santa Maria a Ponticelli,** dating back to the 16th-17th centuries and built out of devotion for the Virgin whose miraculous intervention stopped a plague epidemic. The venerated image, displayed above the altar of the single-aisle church, depicts the *Madonna with Child with the Sanctuary of Ponticelli in the Background* (note that the fresco has been subject to repeated repainting). From Reggello we finally reach the village of Cascia where its **Parish Church of San Pietro** houses the **Masaccio Museum of Sacred Art.**

*The surroundings of Reggello*

The artistic wealth of the area, not to be separated from the remarkable beauty of the countryside, is confirmed by the number of churches, besides those already mentioned, that can be found near Reggello. If the parish churches found along the Strada dei Setti Ponti held, as it has been remarked, «extremely important religious functions as well as civil and administrative ones» (Caneva, 2006), the many minor (and less well-known) buildings, also religious ones, are a sign of the vibrant life in this part of the Valdarno region. So, as we proceed in a south-westerly direction, we come to fairly important sacred buildings: there has been written evidence since the $12^{th}$ century about the single-aisle Church of **Santa Tea**, which shows signs of its $15^{th}$ - century reconstruction. Over time several buildings have been added, most of which part of an oil mill. We have written evidence about the Church of **Sant'Andrea in Borgo** in Cascia from 1260 up until 1549, but no trace of the building is left. The *borgo* (village) referred to in its name rose at the foot of the Castle of Cascia in the $12^{th}$ century. We have very little information about the Church of **San Siro.** However, since this saint was one of the protomartyrs, it is thought the site probably had rather ancient origins. The present-day building, dating back to the $12^{th}$ century, is a small rural religious building, while the bell tower, probably from the $7^{th}$-$8^{th}$ century, must have originally been built as a defensive structure. Further south of Reggello is the Church of **San Giovenale a Cascia**, where Masaccio's *Triptych*, now in the Museum of Sacred Art, comes from. The church is documented beginning from 1028, and presents a structure dating back to the $13^{th}$ century. Near the building, between the city road and the Resco Reggellese torrent, is an archaeological site with the ruins of a small Roman necropolis. Lastly, it is to be mentioned the Church of **San Tommaso a Ostina** that, together with the village which developed around it, must have risen between the $12^{th}$ and the $13^{th}$ centuries. The original structure, such as the outer walls, lead us to believe that the current building dates back to the second half of the $13^{th}$ century. In the $20^{th}$ century an arcade was added to the façade, whose entry portal dates to 1314, while the rectory and sacristy are from the $18^{th}$ century.

Leaving this building and proceeding in the direction of Vaggio continuing along the Strada dei Sette Ponti, we reach **Pian di Scò**, a town located near the aforementioned Resco torrent (from which it perhaps takes its name) that «by means of an artificial canalisation system supplied mills, oil mills and a wide agricultural area that was particularly flourishing during the grand-ducal period» (TROTTA 2005). Besides the ruins of the majestic castle belonging to the Guidi counts on the nearby Poggio della Regina, and dating back to the 10$^{th}$-13$^{th}$ centuries, the romanesque parish Church of **Santa Maria** is to be pointed out, immersed in a verdant, uncontaminated natural setting of unsullied forests and hills cultivated with olives and grapevines. There has been written evidence since 1008 about the building with its imposing bell tower. The exterior presents a simple façade with blind arches and two single lancet windows. The three-aisle interior of the church has finely decorated capitals and contains a fresco with the *Madonna with Child* by Paolo Schiavo.

Heading from Pian di Scò towards Castelfranco di Sopra we come to the abbey of **San Salvatore a Soffena**, built by the Vallombrosan monks during the 14$^{th}$ century on the ruins of an 11$^{th}$-century fortified structure. Further alterations were made during the 15$^{th}$ century and later, following the Leopoldine suppression, it was assigned other uses until it was purchased by the Italian State and restored. The interior, with its Greek cross plan, is decorated with numerous frescoes, among which the *Stories from the Life of St. John Gualbert* by Bicci di Lorenzo stand out. The adjacent old Vallombrosan monastery is noteworthy with its lovely cloister supported by pillars.

Continuing along the Strada dei Sette Ponti we reach **Castelfranco di Sopra** – the crossroads of Pratomagno and the Upper Valdarno – one of the Florentine "new lands". Founded in 1299 on the ruins of the *Castle of Soffena,* its design has been traditionally attributed to Arnolfo di Cambio. The original grid layout of the town, still partly surrounded by walls with towers and with two of the four original gates, includes the Church of San Tommaso that dates back to the 11$^{th}$ century and was furnished with a pronaos in the 15$^{th}$ century and enlarged during the 18$^{th}$ century. Resuming the Strada dei Sette Ponti in the direction of Loro Ciuffenna, we can pause at Montemarciano, a village characterised by the ruins of a castle destroyed by the Florentines in 1288, visit the oratory of the **Madonna di Montemarciano** that has a fresco attributed also to Masaccio, and the nearby 16$^{th}$-century church, the *Chiesa della Madonna delle Grazie*, with its 17$^{th}$-century portico. From here we continue in the direction of **Loro Ciuffenna**. Founded on the site of an Etruscan and Roman settlement, Loro has kept its medieval imprint deriving from the fortified castle of the same name built on a gorge created by the Ciuffenna torrent. Among the monuments to visit are the very interesting Church of Santa Maria Assunta, that houses a triptych with *Madonna and Saints* by Bicci di Lorenzo, and the Venturino Venturi Museum in the Town Hall that contains drawings and sculptures by the artist born here in 1918 and deceased in 2002. Continuing along the Strada dei

Sette Ponti we head in the direction of the parish Church of **San Pietro a Gropina**, not far from the road and one of the oldest parish churches in the Arezzo area. The building, erected around the year one thousand, has a façade in stone blocks (which shows clear signs of later renovations) on which two single-lancet and one double lancet windows open, and where there is the coat-of-arms of Pope Leon X and the date 1522. On its flank soars the imposing bell tower dating back to 1233. The interior has three aisles with columns (on one of which is an *ambo*) with very valuable capitals carved with storied scenes.

Acknowledgements: *Lucia Bencistà, Father Ottavio Failli, Cecilia Frosinini, Cecilia Ghelli, Francesco Martelli, Alessio Monciatti, Father Gino Monnetti, Gloria Papaccio, Father Ugo Presazzi Rosanna Proto Pisani, Giuseppina Carla Romby, Giuliana Righi. We would especially like to thank the Directors and staff of the Florence Kunsthistorisches Institut.*

## Artistic crafts, fine food and wine along the ancient Via dei Sette Ponti

*Maria Pilar Lebole and Benedetta Zini*

The traveller wishing to reach the ancient parish church of San Pietro a Cascia and its surroundings will find many opportunities to wander off along side roads. For those who have little time to spare, the advisable road is obviously highway A1 towards Rome, from where the most convenient exit is Incisa Valdarno, after which one must follow the signs for Reggello.

But for those with more time at their disposal, let us suggest a different itinerary, somewhat longer – but fascinating – that will bring us, through a series of slight detours, to rediscover the *Cassia Vetus*, the ancient Roman road connecting Fiesole to Arezzo, and whose route largely corresponds to today's provincial road *Sette Ponti* otherwise called *Via dei Setteponti*, namely the road of the seven bridges. By taking this road we enter the area that lies between the Val di Sieve and Valdarno, skirting the entire Pratomagno chain, today referred to as the "Florentine Mountainside". There we will encounter a Tuscan landscape very different from the post-card-Tuscany we have grown used to, with its elegant farm houses overlooking tidy fields from the top of a hill. Although also this part of Tuscany is agricultural and tightly connected to the rural world, one feels here with particular intensity the strenuous battle man has fought over the centuries against an adverse and tyrannical nature, in order to secure for himself a small sowable piece of land.

Thick woods, hard and often snowy winters, and – in place of level fields and rounded hills – steep terrain, are the basic characteristics of this harsh yet fascinating area.

The beautiful and still largely uncontaminated local woods, rich in beeches, chestnut and other hardwood trees, have since ancient times been one of the main sources of sustenance for the local population. A population that was caught, maybe more than others, in the contradictory situation of living half-way between field and mountain. When the fruits yielded by the scarce arable land available were insufficient, then the mountain with its resources would come to man's rescue: chestnuts, mushrooms, wild berries, but above all wood to make everyday objects and keep the homes warm during the harsh winters typical of the area. In these parts the relationship between man and the woods is deep and respectful, as testified by the few small constructions scattered here and there to serve as drying-houses for chestnuts and mushrooms, or as shelters during the grazing season.

The area is rich in history, its feudal past visible in the numerous castles and small villages that dot the landscape.

Over the centuries the economic growth in the area has known good and bad times, conditioned as it was by the bloody wars launched by the Florentine Republic against the tight feudal network that ruled these lands, as well as by plague and famine, notwithstanding invasions and sacking by foreign armies who happened to pass through the area.

However, it is also reasonable to claim that the state of the local economy has always been closely connected to the road that runs through the territory - the Roman road *Via dei Sette Ponti*. This is true for what concerns the distinctive configuration of the territory, which has led to the development of an economy based both on farming and the exploitation of the woodlands; it also applies to changing political interests which, over the centuries, have made this road first the main artery towards the south, greatly favouring the growth of trade and manufacturing industries, and then have abandoned it in favour of other, shorter and faster roads.

Let us then turn into *Via dei Sette Ponti* and head for a discovery tour of a fascinating area full of surprises.

*Along the Via dei Sette Ponti*

Starting at the southern end of Florence, we head for Bagno a Ripoli. At the fork, ignoring the road that leads to the village, we take a left turn and enter the Provincial Road 35 towards **Rosano**. Precisely in proximity of this small village, the hills that surround us acquire a particular interest, both for their truly ancient origin and for the unusual presence in this particular spot of certain varieties of trees and bushes. The vaguely pyramidal shape of the hills apparently derives from the supposed existence of a lake here in pre-historical times, that, almost certainly, must have modelled them into these peculiar shapes. The woods here are thick and inaccessible, and despite the propensity to clear the land of trees practiced over the centuries by a population with a strong farming culture – who preferred to grow grapes and olives, which were more profitable than the products of the forest – the woods have managed to survive largely intact. Oak, pine, holm-oak, cypress and hornbeam are the most common varieties in the highest part (above 300 meters) of the hills around Rosano. The undergrowth is rich in yellow broom, butcher's broom, moss and ferns (especially in the most shadowy and humid areas). Such flora is common on the Tuscan coast, but one remains surprised to find it here just outside Florence. Studies by prestigious botanists from the turn of the 19$^{th}$ century drew attention to the area as being perhaps the richest in Italy, if not in the whole Mediterranean basin, for what concerns some of these arboreal and herbaceous varieties. The phenomenon is essentially due to the area's special climate – temperate and mild – which closely resembles that of the coast. And it is precisely thanks to this mild climate and the great fertility of the soil, favoured by age-old woodlands, that the agricultural produce from the area is as noteworthy as it is. We are only a short way from the Val di Sieve, known for the excellent quality of its wine, and Upper Valdarno, renowned for the excellent quality of its olive oil.

Since we happen to be nearby, the abbey of Santa Maria is definitely worth mentioning, which has housed for over twelve centuries a small community of cloistered Benedictine nuns. Inside the compound the nuns have set up a few workshops where they make embroidery pieces on commission, and small ceramic objects. They also produce preserves and liquors, not to mention their famous peach jam prepared in the old fashion, with the peaches they grow in the garden.

The workshops and kitchen are not open to the public but by phoning the monastery one can make an appointment to buy some products or order embroidered or ceramic pieces.

Along the road, a slight deviation to the left as we come near the river, invites us to a short stop at the **Gualchiere di Remole**, or the fulling-mills of Remole – an example practically unique in Europe of a plant used for fulling, an essential phase of wool processing in Medieval times. The production of wool cloths, widely diffused in Florence and its surroundings during the Middle Ages, was one of the most important and profitable crafts in the city. However, the finished product could be obtained only after a long series of different though tightly interconnected processes. Fulling served to give the woven cloths thickness. The cloth was pressed to make it more resistant, or compact, and indeed some people referred to this process as *"compacting"*.

ENGLISH VERSION

At first glance, the imposing complex of the Gualchiere di Remole, with its two symmetrical stone constructions topped with high battlemented towers, calls to mind some old deserted castle left standing on the bank of the river. The complex, damaged in part by neglect, lack of maintenance and arbitrary architectural modifications, nevertheless still permits us to understand the different operations the wool cloth was put through. It is a unique example of its sort; some of the main stages in wool processing are still clearly identifiable, and this plant has made it possible to clarify the mechanisms through which certain operations were carried out, in addition to supplying important information regarding the kind of machinery used at the time. The rolls of wool were shipped from Florence by ferry: one can still see the small landing where the boats with the wool and workers docked. The main buildings housed the machinery, which used the hydraulic power of the river. To this goal, an artificial canal carried the water right into the buildings. The canal itself was supplied from a weir – an artificial basin that was meant to prevent sudden floods as well as to provide the canal with water on a constant basis, including during severe droughts.

The complex also included a series of smaller annexes used for laying-up of boats, workers' accommodation, and storage.

Having left the fine Gualchiere di Remole, let us resume our route by going back to Provincial Road 35 and head for Pontassieve. The road continues in a straight line through the Val di Sieve hills, where many wine tasting itineraries intertwine, popularized by the excellent local Chianti Rufina and Pomino wines.

As in large parts of Tuscany and particularly around Florence, wine production goes hand in hand with olive oil production – a nearly monotonous dichotomy of alternating vineyards and olive groves planted in almost equal proportions on every farm. Recently, however, the first-rate quality of wine obtained in the Lower Val di Sieve has somewhat reversed the balance in favour of wine production. Vineyards have progressively doubled in number to the detriment of other crops, often spreading through deforestation to previously tree-covered areas, and eventually reaching an extension that has made it one of the most extensive and productive wine areas of the entire Florentine province.

We get an interesting illustration of the phenomena as we near Pontassieve. In the vast industrial zone that precedes the town, a large plant seems to dominate all others, that of Vi.C.A.S. wines, which unites a large number of small and medium-size wine producers of the area lying between the Arno and Sieve Rivers. Born in 1964, the winegrowers' association has given rise to a cooperative whose primary goal is to maintain intact the territorial specificity of the product, making sure the grapes are of high quality and, most of all, grown in the specific area. This has permitted the Vi.C.A.S. cooperative to grow and become a leading model of sustainable development in the wine sector. Today the cooperative counts more than 250 small and medium-size vine-growers; it produces choice table wine and now also specializes in side products such as *vinsanto* and vinegar, in order to be evermore up-to-date and to meet the consumers' requirements. When in this area, the nearby scagliola workshop of the master Bianco Bianchi is certainly worth a visit. This workshop has been open since the 1960's and it produces various types of items strictly following the ancient scagliola technique. As regards the design, the support, the marquetry and the polishing, the works from Bianco Bianchi's workshop, which stand out for their quality and refinement, are all exclusive pieces.

Allowing ourselves a short detour, we turn out of Provincial Road 35 to enter the antique town of **Pontassieve**. Of Etruscan origins, Pontassieve witnessed the passage of the Romans, while its period of greatest development took place in the Middle Ages, owing to its strategic position at the point where the Arno and Sieve Rivers meet. This made it a crucial river outpost for the Florentines, both for defensive and commercial purposes.

Here, as in most chiefly agricultural parts of Tuscany, crafts have developed in the shadow of the more fundamental agricultural production. Objects were born exclusively out of the peasants' direct needs: they were stylistically simple and essential, deprived of all unnecessary frills, given that their basic function was practical and not aesthetic. Ancient local trades thus included the blacksmith, busy at forging everyday tools used in farming; the cooper; and the carpenter – all engaged in small-scale activities whose only purpose was to support agriculture.

Although we cannot claim that the antique trades have actually survived until today in Pontassieve, a number of small businesses still exist that have kept alive, to some degree, the ancient traditions of rural trades (though we are not speaking of any true specialization in a leading sector of the manufacturing industry). One such activity worth noticing is leather work; usually done by family-run businesses; they produce leather parts that are then assembled by the large leather good factories in the area. For centuries now, most of the workers have been employed in the much more substantial wine production activity.

Once in Pontassieve, a visit to **Sieci** just outside the town limits is worth the detour. Here we find one of the very few still functioning windmills. Built at the beginning of the 19$^{th}$ century, this mill had fallen into disuse and was left entirely neglected. In 2000, a project sponsored by the municipality of Pontassieve and the *Fattoria di Lavacchio*, on whose property the building stands, has brought back to life the old windmill which has been active ever since. An in-depth study of windmill models from the same period has permitted scrupulous restoration of the mechanical parts, rendering the mill to all its original functions.

Today on the Lavacchio farm, besides direct sales of wine and olive oil, and besides the inviting cooking and terracotta lessons, a unique organic flour is being produced, the very same that used to be produced two hundred years ago.

Back in Pontassieve, we cut across the entire village; past the main piazza, we reach the bridge across the Sieve. From here, we make a right turn onto Regional Road 69. A fork to the right indicates the road leading to Consuma, but we continue straight along the ancient Via Aretina in the direction of Incisa Valdarno, entering the heart of the Val di Sieve area. And from this point on, the landscape starts changing, slowly moving away from what we are used to identifying as the typical pastoral Tuscan countryside. There are still plenty of neatly aligned rows of grapevines and olive trees set in a regular pattern on the slopes of softly rounded hills, but all of a sudden the landscape turns into mountain country. Woods dense with fir trees, oaks and beeches dominate the valley from above. We are on the slopes of the Pratomagno mountain and, as we move on, the hills become sharper and more difficult to access, the sun almost disappears behind their outline, and the damp smell of mountain moss suddenly overwhelms our senses. This is the heart of a territory dominated by the so-called **Comuni della Montagna Fiorentina** (Towns of the Florentine Mountains), a vast area that embraces, from north to south, the municipal districts of San Godenzo, Dicomano, Londa, Rufina, Pelago, and Pontassieve. To these must be added the municipal district of Reggello which borders on the Valdarno territory as well as the nearby village of Vallombrosa.

It is a harsh, tough and shadowed landscape. Studying the areas under cultivation, the crops clinging to the terraced fields that line the road all along the deep mountain gorges, one cannot fail to realize the effort made by the local rural folk, who had to struggle against unfavourable natural conditions and a decisively impracticable territory.

The landscape continues to alternate in this way, expanses of low sunny hills suddenly almost turning into steep mountain slopes, engulfing us into silent and shaded valleys.

Having reached the small village of **Sant'Ellero**, we turn left into Provincial Road 88 towards Tosi and Vallombrosa. Along the road we pass the *Fattoria di Petrognano*. Besides offering comfortable and elegant lodgings set inside the old farmhouses, the farm estate welcomes visitors to its direct sales shop where one can buy wine, olive oil and seasonal produce from the vegetable garden.

Since ancient times, given the richness of the dense woods, the local economy has relied on forest exploitation and wood production, besides agriculture. Carpentry developed and grew over the centuries, although today traces of this traditional trade can only be found in a small area around the village of Tosi.

We have now entered the municipal district of Reggello, rightly celebrated as "olive oil town" for the excellent extra virgin olive oil produced in the area. Of a typical intense green colour, strong and pungent in taste, the olive oil produced in the entire Reggello area is strictly obtained by cold pressing using imposing millstones, as is customary from time immemorial in the land of Tuscany.

But let us resume our journey and drive across the small picturesque villages of **Donnini** and **San Donato in Fronzano**. A sign at a junction on the right-hand side indicates the fine *Fattoria degli Usignoli*, a large and elegant hotel complex set in an ancient farmhouse built around the 15$^{th}$ century by the friars of Vallombrosa. The main building with its large arcade and beautiful fermenting vats room is still intact, the latter transformed today into an unusual and inviting restaurant dining room. The *fattoria* offers a rich menu based on typical Tuscan cuisine enriched by a touch of creativity. Indeed, the flower of the large structure is its school of cooking, where a great number of cooking classes take place every week, open to all those who are curious to learn the secrets of ancient traditional Tuscan recipes, seasoned with a little novelty, and strictly prepared with genuine local produce.

In this area, traditional agriculture has remained pre-eminent throughout the centuries, surpassing all other activities. Old farm estates today reinvent their role by turning to the direct sale of genuine and natural produce grown with the care of the past. Signs inviting us to the tasting and buying of exquisite local products multiply along our route. But olive oil remains the true *king* of this territory – definitely special, thanks both to the propitious climate and geographic position and to the processing of the fruits, which around Reggello are still cold pressed according to the ancient procedure.

At the crossroads leading towards the small village of **Fabbrica**, a sign on the right indicates the *Fattoria degli Ulivi*, a beautiful villa transformed into a farm offering farm holiday accommodation, that stands overlooking the hills of the Pratomagno as they start their descent towards the Valdarno.

We move on and as we cross the village of **Pietrapiana**, a sign tells us of another activity connected to the rural world though not directly to agriculture: stone cutting, which has been practiced for centuries to produce building material. The trade, born to satisfy the immediate necessities of the rural family, has adapted to the usages and customs of the modern world. Glancing into Ennio Sottili's workshop we catch sight of fireplaces and various decorative objects in stone, as well as sculptures and objects for everyday use. Here stone is still being cut as it was in the past, strenuously, with ancient know-how and the help of nothing but hammer and chisel.

At this point the road brings us directly to **Reggello**, but following the road to the left and making an immediate right turn, we drive towards the beautiful parish church of San Pietro a Cascia. A very short distance – and there it stands in front of us, beautiful and mighty in all its shameless simplicity. Walking through the streets of the village, our attention is drawn to the countless signs advertising farms, restaurants, wine shops and oil mills. We must not forget that we are still in the Reggello area, where one of the best extra virgin olive oils in Tuscany is produced. A few meters away from the church stands the *Frantoio* (i.e., oil mill) *Santa Tea*, a beautiful farm complex located on Reggello's plateau, where olive oil has been produced since 1426, as one can read on an engraved stone displayed inside the old mill. The small oil museum set up inside the mill is worth a visit. Equipment used in oil-making since the most ancient times has been put on display inside. The mighty millstone and the ancient press are a fascinating testimony to the age-old tradition of oil-making in Tuscany. Finally, for those who cannot resist the pleasures of the table, the oil-mill also houses a small shop where one can taste and buy the best selection of local extra virgin olive oils, not to mention appetizing sauces prepared with seasonal vegetables and – obviously – olive oil.

Strolling through the streets of Cascia, right in front of the parish church, we come across the *Osteria Masaccio* which invites us to read its rich menu, thoroughly Tuscan, in which the finest dishes of ancient local culinary traditions stand out. In these parts, typical cuisine is based on simple and genuine culinary traditions common to Tuscany in general. So we have the classic vegetable or bean soups, to which very often are added pieces of stale bread to make the soup more substantial and nourishing; and meat sauces made with different types of left-over meat (rural families would eat meat but once a week, usually on Sundays). This recycling of food, born out of obvious circumstantial necessities, is being rediscovered today for its wonderful taste and genuineness.

One of the most typical products of the Florentine Mountains and the Lower Val di Sieve was born just in that way: the *bardiccio*, a particular kind of sausage made with various remnant parts of pork and beef meat, including entrails, and aromatized with fennel seeds. Of a characteristic deep red colour given by beef heart, *bardiccio* is typically eaten grilled or, when aged, as a tasty addition to stuffing or vegetable soup.

It is a product of ancient origins that has unfortunately practically disappeared. It used to be prepared in peasant households, to be kept and eaten during the course of the year.

Another typical product facing a similar situation is the "zolfino bean", actually under scrutiny by the Department of Agronomy and Territorial Management of Farms and Forests at the University of Florence, following a special request from the consortium of communes in this mountain area, the Comunità Montana del Pratomagno. At the heart of the matter is the attempt to improve and increase the nearly vanished production of this typical bean round in shape and of a typical yellowish colour. Once it was a common practice to cook these beans *al fiasco*, namely in the flask, that is put inside a flask for wine with water, aromatic herbs, fresh tomatoes, salt and pepper, and a trickle of olive oil. The container was then placed inside the fireplace and covered with hot embers to the neck. Today, unfortunately, the production of the *zolfino* bean (literally "sulphur bean", in reference to its yellow colour) is almost exclusively limited to the vegetable gardens of a handful of farmers around the Pratomagno; it has become a rarity at the market.

Closing this brief culinary digression, we leave Cascia and proceed towards nearby **Pian di Scò**.

The road we follow, Provincial 1 known as *Via dei Sette Ponti*, is dominated all along its course by the Pratomagno chain. It alternates in a tight sequence between mountain and hillside, cultivated fields and woodlands and holds a mysterious charm that is truly worth enjoying by taking one's time to observe.

Now not even the most distracted eye could miss, to the right, practically on the road, the nice Medici farm estate, *Fattoria Medicea I Mandri*.

The large complex from the 16$^{th}$ century was restored and partly modified during the 17$^{th}$ century.

The current outline of the structure is the result of drastic modifications to the architectural plan carried out during the Lorraine period. The splendid villa, which has remained intact, was thus connected to the neighbouring hamlet and later provided with an oil-mill and other farm buildings, as classic rural Tuscan architecture would have it. Not to be missed: the interior garden where one can still observe a complex irrigation system involving a number of basins in grey sandstone called *pietra serena*, and the splendid cellar, dating from the original residential building, carved out of the stone along the entire perimeter of the villa and the front courtyard. *Fattoria I Mandri* still produces oil and wine, occupying over ten acres of the surrounding land for cultivation. The farm houses a small shop for tasting and selling its products, among which is the excellent *Riserva di Mandri* wine.

We are now reaching **Pian di Scò**, an ancient commune about half-way between Florence and Arezzo, and a special example of Tuscan countryside. Here the dense beech and chestnut woods offer little space for cultivation. Nevertheless man's ingenuity has been able to overcome an adverse nature through years of hard work. All along the road we are met by an unusual sight: held by solid dry-stone walls, terraced fields, carved out of the steep mountain gorges, display tidy rows of grapevines and olive trees, luxuriant and well-kept, whose yield is in no way inferior to that of the gently rolling expanses of large parts of Tuscany.

Another curiosity of this land are the *calanchi or* ravines, which we will see again in the nearby zone of Castelfranco and around a few other municipal districts of the area. It is a unique phenomenon, probably caused by thousands of years of erosion of the friable hill soil, eventually revealing these curious cliffs of a reddish yellow colour probably due to the resurfacing of fossil remains. Their variable shapes – according to the impact and depth of the erosion – make them seem like unfinished artistic sculptures left to watch over the surrounding woods, which often conceal them, until the end of time. Such is the landscape up to **Castelfranco di Sopra**, located on the Valdarno side of the Pratomagno mountain. We have now entered the province of Arezzo. This typical medieval town is an interesting example of the so-called *Terre Nove* or New lands: a group of communes established in the Upper Valdarno by the Florentine Republic, in an attempt to break down the strong feudal power still widespread in the area and expand its own influence up to the gates of Arezzo.

As all other communes part of the initial $13^{th}$-$14^{th}$ century nucleus of the Valdarno *Terre Nove*, Castelfranco's urban outline is perfectly geometrical, with streets radiating off from the central piazza. In the immediate outskirts of town, the splendid *calanchi* capture our gaze once again.

The *Acqua Zolfina* spring, located in the hamlet of **Piantravigne**, gives its name to the nearby sulphureous cliffs. The place, inhabited by fairies and witches – as local folklore would have it – has maintained unaltered its very peculiar conformation which apparently used to fascinate Leonardo da Vinci. It is said he chose precisely this landscape as an inspiration for the background of some of his paintings.

Continuing along *Via dei Sette Ponti*, past Montemarciano, we reach the picturesque village of **Loro Ciuffenna**. At the bottom of a deep gorge, seemingly perched above the stream from which it takes its name and which cuts through the entire village, Loro Ciuffenna, originally an Etruscan settlement, has kept intact its old medieval structure. It was once the property of the Guidi counts, until Florence turned it into one of its Valdarno *Terre Nove*. The charming old town is a picturesque labyrinth of narrow streets lined with ancient houses. Its strategic location, making it one of Florence's furthest Valdarno outposts before reaching the valley floor, encouraged in time the development of a number of important production activities, in particular that of wool-cloth processing.

At least three mills were built along the river during the $14^{th}$ and the $15^{th}$ centuries. They were all dedicated to the fulling process of the wool sent from Florence.

During the following centuries, also silk processing developed in a remarkable way inside the village - so much so that numerous records reveal the migration towards Loro and other smaller centres of the Valdarno of a great number of Florentine silk-workers over the $15^{th}$ and $16^{th}$ centuries. Silk production would remain part of the village's history for many centuries to come. Indeed the area's flourishing silk industry is still mentioned in the 1800s, sustained by continuous improvement in silkworm breeding, which brought more and more work to the filatures.

MUSEO MASACCIO D'ARTE SACRA A CASCIA DI REGGELLO

Today Loro Ciuffenna is a picturesque but almost uninhabited village. The majority of the population now works for the big factories that have emerged in the lower valley, where the production of famous trademarks, especially in the textile and clothing industry, employs large part of the workforce in the area.

As we walk through the nearly empty village, accompanied only by the sound of the stream that runs practically at our feet, a few women form a group around us: "There isn't anyone here anymore - they explain – even in the evening if you go out for a walk, you won't find anyone. There used to be people here, so many young people, you should have seen Loro some years ago!" As for us, Loro Ciuffenna is beautiful anyway, strongly evocative and full of charm. We are now reaching the valley floor, a few more curves and the Penna Provincial road will bring us back towards Terranova Bracciolini and Incisa Valdarno from where one can enter the A1 motorway and head back to Florence. The journey will certainly be faster, but will not treat us to similar emotions.

*The selection of the businesses has been made at the discretion of the authors and is by no means exhaustive as regards the businesses present in the area. We wish to express our gratitude to the artisan businesses and the accommodation facilities for their helpful collaboration in the research phase. We would especially like to thank Fattoria di Lavacchio for the collaboration and for letting us use some of their pictures.*

# Handicraft and Gastronomic Businesses

MONASTERY OF SANTA MARIA AT ROSANO
Info 055.8303006

VI.C.A.S srl
Via Tifariti, 12
50035 Pontassieve (FI)
Tel. 055 8314020
Fax 055 8367363
info@vicas.it

BIANCO BIANCHI
Via Lisbona, 4/E
50065 Pontassieve (FI)
Tel. 055 8314509
Fax 055 686118
www.biancobianchi.com
info@biancobianchi.com

FATTORIA LAVACCHIO
Via Montefiesole, 55
50065 Pontassieve (FI)
Tel. 055 8317472
Fax 055 8317395
info@fattorialavacchio.it

FATTORIA PETROGNANO
at Sant'Ellero
50066 Reggello (FI)
Tel. and fax 055 690230/055 860230
Mobile 335 6168833
www.agriturismopetrognano.it

FATTORIA DEGLI USIGNOLI
at San Donato in Fronzano
50066 Reggello (FI)

ENGLISH VERSION

Tel. 055 8652018
Fax 055 8652270
www.usignoli.it

FATTORIA DEGLI ULIVI
at Fabbrica
San Donato in Fronzano
50066 Reggello (FI)
Tel. 055 8652019
Fax 055 319020
www.fattoriadegliulivi.it

SOTTILI ENNIO E FIGLI
Via A. Costa, 9
at Pietrapiana
50066 Reggello (FI)

FRANTOIO SANTA TEA
Via De Nicola, 41
at Cascia
50066 Reggello
Tel. 055 869140/055.868117
Fax 055 869142
www.santatea.it

RISTORANTE OSTERIA MASACCIO
Piazza San Pietro, 13
at Cascia
50066 Reggello
Tel. 055 8667407

VILLA I MANDRI
Via dei Sette Ponti, 42
50066 Reggello (FI)
fattoriamandri@inwind.it
www.fattoriadimandri.com

# GLOSSARY

*Francesca Sborgi*

**Aedicule**
A small edifice, either independent or part of a major complex, in the shape of a tempietto or a tabernacle, which houses a statue or a sacred image.

**Ampulla**
A small vessel, either of glass or metal, with a globular body and a narrow neck, which is at times provided with an ear-shaped handle and a spout. It is used to contain the wine and the water for the Eucharist, or holy oils.

**Apical cross**
Small cross usually placed on top of a casket or pyx lid.

**Apse**
Architectural structure with either a semicircular or a polygonal plan, situated at the end of the nave, an aisle, a chapel or the choir of a church. In Christian churches, it is usually oriented towards the east.

**Architrave** or **Lintel**
In architecture, the horizontal element which rests on the capitals of columns, pillars or jambs.

**Aspergillum**
An implement in the form of a perforated spherule, sometimes provided with bristles, with a handle, used to sprinkle holy water on people or things.

**Basin**
Bowl for the washing of hands used together with a *jug* (see entry) or a *Eu-*

*charist flagon*, namely a small receptacle with a lip used to pour water.

**Bookstand**
A stand for liturgical books, usually with a sloping top to hold them open in a position appropriate for reading. It is usually placed in the presbyterial area before the altar.

**Brocade**
A particularly precious fabric made of silk, linen or hemp, obtained through a complex and slow weaving technique, decorated with damask patterns, with interlaced threads giving a characteristic raised effect.

**Bugia**
See *Palmatoria*.

**Burin**
An implement in the shape of a small rod with a wooden handle and a steel point (the burin *nose* or *lip*) which is used to cut metal, wood and leather for ornamental purposes. (cf. *Engraving*)

**Burse**
A square case, made of decorated fabric sewn on a cardboard support, used to hold the corporal. It is rested on the *chalice* (see entry).

**Chalice**
A cone-shaped liturgical vessel with a stem ending in a base. It is used at Mass for the consecration of wine into the Blood of Christ. Owing to its importance during the liturgy, it is usually richly decorated and made of precious durable materials. The cup is either in copper or silver and gilded inside, whereas the stem and the base can be made of other materials, except glass and ivory, as they are subject to wear.

**Candlestick**
A support in wood, metal, or other materials, used to hold a single candle.

**Cape**
A circular sleeveless garment, worn over the shoulders which completes and matches the vestment.

**Chapter Hall**
A large room, either in a convent, a *monastery* (see entry) or a cathedral, used for meetings by the *chapter* (the college of canons and monks).

**Chapters** (Book of -)
A book which contains, in its various *capitulations*, historical information on an order's foundation as well as on all the rules pertaining to the daily life and religious services of its members.

**Casket**
A small case that contains a relic or the consecrated host to be taken to the sick or invalid, or else the small metal box where the *monstrance* (see entry) lunette is kept.

**Casting**
The process used to create sculptural works through the pouring of molten metal into a mold. To obtain a solid sculpture, the metal is poured into an open mold until it is completely filled, in this case it is called *full relief*; on the other hand, *hollow* casting is when the metal is poured into a closed mold in a very thin layer.

**Chasuble**
See *Planet*

**Chiseling**
Refined decoration technique carried out on metal objects by means of a *chisel*, namely a small steel implement with a bevelled head in different shapes that, when hit with a small hammer marks the metal surface without cutting it.

**Cope**
See *Pluvial*

**Cotta**
A white liturgical vestment, reaching to the knees, with wide sleeves.

**Crosier**
See *Pastoral Staff*.

**Cross**
An object which can be made of various materials, formed by two axes cutting one another at right angles. It became with or without the Christ Crucified, Christianity's distinctive symbol. The *processional cross*, usually made of metal, is supported by a long staff and carried in religious processions. It is incised and embossed with figures on both sides, respectively called the *recto* and the *verso*.

**Cusp**
The triangular crowning of a painting on a panel. The same term is also used to refer to the ornamentation in the shape of a pointed triangle.

**Damask**
*Fabric* of ancient eastern origin which derives its name from the city of Damascus, famous for its production. It is characterized by a warp and weft of the same color, which create glossy patterns on an opaque background. It can be either *lancé* or *brocaded*.

**Display stand**
A stand, usually in wood, for the display of relics and devotional images.

**Embossing**
Technique of decoration used for precious materials which consists in *engraving* ornaments with a *burin* (see entry) and *chisel* on the back of the metal reduced to a very thin lamina in order to obtain raised figures on the front.

**Enamel**
Vitreous paint to which coloring components are added, that, thanks to high temperature firing, has the property to become a shiny compact surface and it is therefore used to decorate metals and ceramics. The most widespread procedures for metal enameling are *cloisonné*, that consists in pouring the enamel into small alveoli hollowed out in the metal by means of a *burin* (see entry) and *champlevé* that consists in spreading the enamel in slightly protruding alveoli outlined by intertwined metal wires.

**Engraving**
Image either incised by hand on a wooden, metal or stone support with different tools – such as a *burin* (see entry), a *drypoint*, or a *comb* – or obtained through a chemical process making use of corrosive acids. Thus from the design carved on the plate, called *matrix*, engravings can be printed. By extension, this term refers to the technical process used for printing reproduction as well as for the copy of a picture, design, etc. printed from an engraved plate.

**Ex voto**
Object offered as a gift either to God, the Virgin or the saints for favors received or in fulfillment of a vow previously taken.

**Fresco**
Mural painting technique which consists in incorporating the colours with the lime of which the plaster is made, and that, thanks to its particular procedure, makes the work of art extraordinarily durable over time. The wall support, dry and clean, is prepared with an initial coat of rough plaster (the *rendering*) on which a thinner one, called *brown coating*, is spread. Until the end of the 14$^{th}$ century, they used ruddle on the brown coating to draw the *sinopia* (the preparatory drawing for the artwork) which would be later substituted first by the *pouncing* and then by the *cartoon*. Then the *plaster finish*, a thin layer of fine sand and lime, is applied; this is where the artist actually paints using water-based colours. When painting a fresco the artist is required to rapidly execute it and thus apply the colours on the fresh plaster before it dries. Consequently the area to be frescoed is prepared daily (it is the so-called *day's work*), according to the amount of work which can be carried out in one day. Any *pentimento*, correction or finishing touch to the artwork is therefore carried out on dry plaster, by means of *tempera* colours (see *tempera painting*).

**Frontal**
A parament made of marble, carved stone, ivory, or embossed, chiseled metal or else fabric – usually silk – used to cover the front part of the altar, the mensa, which being sacred, must not be visible.

**Gilding**
A technique used to apply gold, either in leaves or in dust, on various supports such as metal, wood, leather or other materials. For gilding metal the following procedure, described by Benvenuto Cellini, is used: one begins by evenly spreading the metal surface with an amalgam of pure gold and mercury which evaporates when it comes in contact with the suitably heated metal, thus causing the gold to adhere to the support.

**Gros**
A type of fabric derived from taffeta; it is characterized by thin horizontal ribs.

**Gypsum**
A natural mineral (hydrate calcium sulphate), which, mixed with water, is used either to prepare canvases and panels for painting (*priming*) or to execute *casts* and models for statues, reliefs and stuccos.

**Hand bell**
A small portable bell with a handle that is used as a signal, at certain times, during the celebration of Mass.

**Highlighting**
A technique through which the painter obtains the effect of luminous reflections, thus enhancing certain parts of the work through brush strokes of light colors, white or gold on dark areas.

**Holy oil vessels**
Liturgical objects containing the olive oil consecrated by the bishop and used during baptism, confirmation, the consecration of new priests and extreme unction of the weak and the sick.

**Holy water pot**
A small receptacle that contains holy water. It is used together with the *aspergillum* (see entry) for ritual benedictions.

**Icon**
Sacred image, generally painted on a panel, at times also on canvas or glass, typical of eastern Christianity, which represents Christ, the Virgin or a saint in a stately attitude.

**Incense-boat**
An elongated liturgical receptacle, having two movable valves as a lid on its upper part, which is intended to hold the incense grains eventually burnt on the coals of the *thurible* (see entry).

**Insignia**
A group of symbols and attributes which characterize the armorial bearings of a family, a city or a civil or religious organization.

**Intaglio**
The process or art of engraving or carving in a hard material, such as wood, gems, marble or ivory, by means of metal instruments following a pre-established design.

**Jacket flap**
The inside part of a book jacket.

**Jug**
A vessel with a handle and lip used to pour water for liturgical ablutions into a *basin* (see entry). It is usually in the shape of an amphora and is often richly embossed and chiseled. See also *embossing* and *chiseling*.

**Knot**
Bulge in the stem of a monstrance, a chalice, a candlestick or any other stemmed metal object, which may have different shapes: or in the shape of a pear, vase, amphora, or disc.

**Lampas**
A damask *fabric* of great value, originally from China, embellished very often with gold and silver threads, which has a heavy appearance; the pattern is created by supplementary wefts added to the background weave which is usually in satin or taffeta.

**Lancé**
A pattern on the right side of a fabric, consisting of a supplementary weft (*lancé weft*) woven from selvage to selvage.

**Lanceolate leaves**
Literally, lance-shaped, namely in the shape of an elongated ellipse with pointed ends.

**Liage répris**
The interlacing of the supplementary wefts of a fabric by means of the background warp.

**Lintel**
See *Architrave*

**Liséré**
A pattern resulting from the background weave which is seen on the right side of the fabric. If the motif is small-sized it does not need to be secured; otherwise it is attached to the background weave through the

background warp threads (*liage répris*, see entry) or else through a supplementary warp (*securing warp*).

**Loincloth**
A piece of cloth wrapped around the hips, so as to cover the loins, typical in particular of the iconography of the Crucified Christ.

**Maniple**
Liturgical garment, made up of a narrow strip of fabric in the same color as the *planet* (see entry); in the past, priests used to wear it on the left arm, tied with ribbons, during the Mass.

**Miniature**
This term - derived from the Latin word '*minium*', a vivid red color used to paint the initial letters in manuscripts – refers to the extremely refined art of illustrating and decorating parchment codices. In a wider sense, the same term can also indicate any small-sized painting executed – on ivory, paper, copper, etc. – with a meticulous attention to details.

**Miter** or **mitre**
Tall headgear, made up of two flat parts (the *cornua*) in the shape of a shield and of two wide ribbons, called *vittae*, falling down to the shoulders; at times it is golden and adorned with gems. It is worn by popes, cardinals and bishops as well as by some abbots and prelates on the occasion of solemn liturgical services.

**Monastery**
Autonomously organized building where monks, canon regulars or nuns belonging to a certain religious order live.

**Monogram**
Initials of two or more words combined in one design, either carved or embroidered on liturgical furnishings and vestments or else painted.

**Monstrance**
A sacred furnishing in which the consecrated host is exposed to the adoration of the faithful inside the church or during religious processions. In the Middle Ages it was in the shape of a tempietto and then, beginning from the late 16$^{th}$ century, of a rayed sun.

**Niche**
A recess in a wall, usually semi-circular, rectangular or semi-polygonal, containing a statue or other decorative objects.

**Niello**
Jewelry technique where the designs engraved by means of a *burin* (see entry) on a metal surface are filled with a black paste, called *nigellum*.

**Oil painting**
A technique of painting on canvas or a wooden panel where colors are obtained by mixing pigments with thick vegetable oils (such as linseed, poppy-seed or walnut) to which essential oils (turpentine) are added so as to make the colors less viscous and more transparent. The color is first spread on a previously prepared base (*priming* and, as to the canvas, *ground mixture*) with gypsum and glue, and then coated with a transparent varnish both to protect it and to make it shinier. This very ancient

ENGLISH VERSION

technique was improved in the 15th century in Flemish art and then spread throughout the rest of Europe; it makes it possible to have an extraordinary variety of results, thanks to the use of a wide range of pigments and to the possible nuances among the various layers of color.

**Oratory**
A sacred place intended for the private worship and prayer of a small number of faithful (either a community or a family).

**Palmatoria** or **Bugia**
Small candle holder held in the palm of the hand, used for reading from the Missal.

**Palmette**
A decorative element derived from a palm leaf, consisting of an odd number of fan-shaped leaves.

**Parish**
A term designating a rural ecclesiastical district in medieval northern and central Italy.

**Parish Church**
An ancient church situated in rural or suburban areas.

**Pastoral Staff** or **Crosier**
A staff conferred to bishops on the occasion of their consecration as the symbol of the authority and the "shepherd" role they hold for the community. Held in the left hand, it consists of a long staff, called *cross staff* and ending in a ball or a cross in the shape of a "*tau*". Later it evolved into the characteristic form with a curve end, called *crook*.

**Pax board**
A small precious object, which can be made of different materials, although it is usually in precious metals (gold and copper) enameled and finely decorated, presented on special occasions to the faithful for the "holy kiss" of forgiveness or used for private worship.

**Pilgrim's staff**
A long and big staff with a crooked handle which is typical of the iconography of pilgrim saints.

**Planet** or **Chasuble**
Loose sleeveless tear-shaped liturgical vestment, open at the sides, and at the top for the head, worn by bishops and priests during Mass. It is derived from the ancient late-Roman traveling cloak which was actually called *planeta*. In the front and back central areas it has two different ornaments, a vertical one and the other *tau*-shaped, called respectively "column" and "cross".

**Pluvial** or **Cope**
A long semicircular cloak open in the front and fastened at the breast with a clasp. It may have a *hood* at the back, while the front border, which from the shoulders reaches to the feet, is called *large stole*.

**Pod-shaped decoration**
Ornamental motif made up of a series of convex elements, either convex or concave, similar to legume pods.

**Punch**
Steel rod that has a letter, a number or a cipher or a particular design on one end to be impressed on the surface of a metal object either to denote its maker or its owner.

**Pyx**
A vessel made of precious metal, gilded on the inside and covered by a lid, in which the consecrated hosts of the Eucharist for the faithful are kept. It is covered by a *veil* and kept in the tabernacle on the altar.

**Raceme**
A decoration consisting of stylized and intertwined small branches, shoots or sprays of a plant.

**Refectory**
The room used for communal meals in a monastery.

**Relic**
A part of the body or belongings of a saint, Christ, the Virgin which is ipso facto carefully preserved and exposed as an object of veneration to the faithful.

**Reliquary**
A richly decorated receptacle, in various shapes ( e.g., a vase, a casket or a box) and materials, where a *relic* (see entry) is kept and displayed to the faithful.

**Standard**
A staff adorned with the iconographic symbols of the Passion, used in ritual processions.

**Stole**
An ecclesiastical vestment which, together with the *maniple* (see entry), matches the *planet* (see entry); it consists of a long fabric strip, generally having a trapezoidal end, decorated with crosses and a fringe, which is worn over the shoulders and hangs down in front. During religious services it is worn differently by the celebrants according to their hierarchical rank: the deacon wears it over the left shoulder only and fastens it on the right hip; the priest around the neck and across the breast; whereas the bishop wears it hanging down on both sides.

**Surplice**
A long white linen liturgical vestment, with an opening for the head and sleeves, used at Mass and other Eucharistic services.

**Taffeta**
A type of cloth in linen, wool or cotton. It is produced by interlacing alternate threads stretched lengthwise (the *warp*) with transverse threads (the *weft*) on a loom.

**Tassel**
An ornament for garments or hangings consisting of a bunch of threads tied together at one end.

**Tempera painting**
A painting technique which involves dissolving pigments in water and using various non-oily agglutinant substances (such as egg emulsion, milk rubber and fig latex, or wax) as a binder on the support previously coated with *primer*. Tempera painting supports can also be made of stone, metal or paper, but they are generally made of poplar wood. This technique, born in Europe at the end of the 12$^{th}$ century, was widely used until the spread of *oil painting* (see entry).

**Tunicle**
A trapezoidal tunic worn by a subdeacon, similar to the deacon's dalmatic, but having longer and narrower sleeves.

**Trabeation**
All the horizontal elements supported by columns and pillars comprising *architrave* (see entry, frieze and cornice in classical architecture.

**Traccola**
A musical instrument used in the past instead of bells during Holy Week religious ceremonies. The rubbing of the toothed barrel, connected to the hand crank, on the metal clappers, produces a sharp and deafening sound.

**Trilobate**
A form consisting of three lobes, namely of circular segments, found in various decorative typologies of both objects and architectural elements such as arches.

**Triptych**
A painting consisting of three panels hinged together.

**Thurible**
A metal receptacle containing the coals on which the incense is burnt during church ceremonies. It consists of a cup with a perforated lid, so that the perfumed smoke can come out.

**Velvet**
Fabric with a pile-covered surface constituted of two warps, one for the background (*taffeta*, *gros de Tours* or *satin*) and the other for the pile, which is created by inserting a thread worked in loops by means of needles (*terry velvet*) whose looped ends can be cut (*cut velvet*). If the warp covers the entire background weave, the velvet is called *plain*. It is instead defined *damask* when the pile creates a pattern.

**Veil**
A silk cloth used to cover either the *ciborium* or the *pyx* (see).

**Veil** (of the chalice)
A square cloth in the same liturgical colors as the vestments (the *planet*, the *maniple* and the *stole*, see entries) with which it forms a set, used to cover the *chalice* (see entry) and the *paten* (the metal plate which covers the chalice and holds the host) during the Mass.

**Vestments**
The term refers to the set of liturgical garments used during the celebration of Mass. It is called three-piece set of vestments when it is made up of: a *chasuble* (see entry) and a *stole* (see entry), worn by the celebrant; a *tunicle* and a *stole* worn by the deacon, and a *pluvial* worn by the assistant; in case a *tunicle* is added it is defined four-piece set of vestments. From the formal aspect of the vestment it is possible to establish the hierarchical rank of the wearer, whereas its colour varies according to the different periods of the liturgical calendar. White (or silver), denoting purity and majesty, is used in feasts celebrating God, the Madonna, and non-martyr or confessor saints. Red, the colour of Passion and of the blood of Christ, is prescribed on Whitsunday, Palm Sunday, in the feasts of the Cross and of the Apostles and in all the celebrations of martyrs. Gold (or yellow) is recommended in solemn festivities, such as Christmas and East-

er. Green, the colour of hope for eternal life, is used on Sunday and weekday masses in ordinary periods. Purple, symbolizing repentance for its reference to the bruises suffered by Christ during the Passion, is worn during Advent and Lent; it can also be used as a substitute for black, as the colour indicating transience, in suffrage or funeral rites.

**Zucchetto**

The skullcap, a small close-fitting peakless cap, worn by Roman Catholic ecclesiastics, whose colour varies according to their hierarchical rank.

gliante. L'arcang...
con una veste bianca; so-
gge un giglio (il suo attri-
ramo di ulivo). Attributi ri-
Maria sono: il giglio bian-
li verginità e purezza; il va-
sso lo contiene, simbolo del-
ione; il libro del quale inter-
lettura all'arrivo dell'angelo.

**rio**
arziale del *Messale* che racco-
ntifone (canti alternati) che la
one dice raccolte da San Grego-
gno (secolo VI). Contiene l'in-
talvolta l'intero testo – dei can-
le relative notazioni musicali.

**io di Girolamo di Ugolino** (Fi-
1479-1556)
niatore, iscritto nel 1500 all'Arte
Medici e degli Speziali, aveva una
rente bottega al canto dei Pazzi; si
stingue per lo stile sobrio ed ele-
ante dalle composizioni vivaci; co-
tante è il tono intimo e domestico
con il quale l'autore è solito illustrare la storia sacra.

**architrave**
In architettura, l'insieme degli elementi orizzontali sostenuti da colonne o pilastri.

**Argentatura**
V. *doratura*.

**Arme**
Il corredo distintivo costituito dallo
scudo, dagli ornamenti e dai contrassegni onorifici di una famiglia o di un
ente.

**Assunzione della Vergine**
L'Assunzione è il momento in cui l'a-
nima della Vergine, riunita al corpo,
viene insieme a questo sollevata dagli
angeli verso il Paradiso. La Vergine è
spesso rappresentata al centro di una
mandorla. Nell'iconografia tradizionale è sormontata dal Padre benedicente; talvolta viene incoronata da
parte del Figlio (Incoronazione della
Vergine). Il soggetto, affermatosi per
la prima volta nella scultura gotica,
conosce grande diffusione durante la
riforma cattolica.

Scultore format...
1505 e il 1515, lavora su presso...
commissioni fiorentine e francesi.
Tra le sue opere si segnalano: l'*Arca
sepolcrale di san Giovanni Gualberto*
per la chiesa di Santa Trinita, ora in
quella di San Salvi, e la tomba del
gonfaloniere Pier Soderini per la
chiesa del Carmine, entrambe a Firenze.

**Bernardiniano** simbolo
V. *monogramma*.

**Boroni, Giuseppe** (notizie dal 1787 al
1830)
Orafo, figlio del maestro Bartolomeo,
che aveva eseguito numerose opere per
la basilica Vaticana, teneva una bottega a Firenze, insieme ai fratelli. Nella
sua ampia produzione si riscontra
spesso l'eleganza raffinata propria del-
l'argenteria neoclassica romana.

**Borsa** (o **busta**)
Custodia piatta per contenere il *corporale* formata da due quadrati rigidi
decorati; i suoi colori variano a seconda del calendario liturgico. Si usa-
va appoggiata sul *calice*.

**Broccato**
*Tessuto* a grandi disegni operati, di seta, lino, canapa, talvolta con fili d'o-
ro e d'argento, i cui intrecci mostrano un caratteristico effetto in rilievo.

**Bulino**
Utensile costituito da una piccola asta
d'acciaio con un'impugnatura di legno; la caratteristica punta a becco
produce un taglio acuto, mentre
quello della ciappola, strumento analogo, può essere di varie forme (tondo, piano, rigato).
V. *incisione*; *sbalzo*.

**Calice**
Suppellettile ecclesiastica costituita
da una coppa sostenuta da uno stelo
e provvista di base. Viene usato per il
vino che, durante la celebrazione eucaristica, diviene il sangue di Cristo.
V. anche *patena*.

**Candeliere**
Sostegno in legno, metallo, ceramica
...ateriale, destinato a reggere
...do sia collo-

**Cartella**
Tabella che accoglie
che semplici ornati,

**Cartiglio**
Elemento decora
scolpito, che ripro
na o un rotolo, d
quale sono ripo
iscrizioni o stem

**Cesellatura**
Operazione di
perficie di ogg
ta mediante ce

**Cesello**
Strumento r
differenziate
martelletto
abbassa la s
tarne la ma
V. anche s

**Codice**
Manoscr
carte rile
e poi di
*volume*
rotolo,
decora

**Conch**
L'im
re, è
crist
gio
pell
da
po
st
q

# Apparati / *Apparatus*

# Bibliografia essenziale / *Short bibliography*

### Pieve di San Pietro e Museo di Cascia

L. Rossi, A. Innocenti, Schedatura ministeriale OA, Pieve di San Pietro a Cascia, 1997, presso l'Ufficio Catalogo della Soprintendenza al Patrimonio Storico, Artistico ed Etnoantropologico di Firenze.

M.I. Lanzarini, *San Pietro a Cascia. Notizie diverse intorno alla Pieve*, Cascia-Reggello 2000.

C. Caneva (a cura di), *Il Museo Masaccio d'Arte Sacra di Reggello*, Firenze 2006.

### Il Trittico di San Giovenale

C. Caneva (a cura di), *Masaccio 1422. Il Trittico di San Giovenale e il suo tempo*, Atti del convegno (San Pietro a Cascia 1-2 dicembre 2000), Milano 2001 (con bibliografia precedente).

### Oreficerie e arredi liturgici

R. Caterina Proto Pisani (a cura di), *Il Tesoro all'Impruneta*, Firenze 1987.

B. Montecchi-S. Vasco Rocca (a cura di), *Suppellettile ecclesiastica 1*, Firenze 1987.

R. Caterina Proto Pisani (a cura di), *Il Museo di Arte Sacra a San Casciano Val di Pesa*, Firenze 1987 (II ed. Firenze 1992).

R. Caterina Proto Pisani (a cura di), *Il Museo di Arte Sacra di Tavarnelle Val di Pesa*, Firenze 1988 (II ed. 1995)

D. Liscia Bemporad (a cura di), *Argenti fiorentini*, Firenze 1992-1993, 3 voll.

R. Caterina Proto Pisani-A. Nesi, *Il Museo di Arte Sacra di Montespertoli*, Firenze 1995.

R. Caterina Proto Pisani (a cura di), *Il Museo di Arte Sacra a Certaldo*, Firenze 2001.

G. Chimenti, in *Il Museo Masaccio d'arte sacra a Cascia di Reggello* (a cura di C. Caneva), cit., Firenze 2006 (schede relative).

### Paramenti sacri

R. De Gennaro, *Velluti operati del XV secolo con il motivo delle "gricce"*, Firenze 1985.

R. De Gennaro, *Velluti operati del XV secolo con il motivo dei "cammini"*, Firenze 1997.

R. Ciabani, *Le famiglie di Firenze*, Firenze 1992, 4 voll.

R. Orsi Landini, *Alcune considerazioni sul significato simbolico dei velluti quattrocenteschi*, in «Jacquard», 33, 1997, pp. 2-6.

M. Carmignani, *Tessuti ricami e merletti in Italia*, Milano 2005.

L. Pesci, *Il Museo Masaccio d'Arte Sacra a Cascia di Reggello*, a cura di C. Caneva, cit., Firenze 2006 (schede relative).

## Oggetti della liturgia ebraica e icone

R.D. Barnett, *Catalogue of art permanent and loan collections of the Jewish Museum London*, London 1974.

J. Weinstein, *Judaica*, London 1985.

D. Maltseva, *Saggiatura nella Russia Imperiale*, in *Saliere preziose dalla Russia Imperiale. 200 esemplari della collezione Giuseppe Berger*, catalogo della mostra, Peccioli 2006, pp. 31-32, 134-137.

P. Florescu, *La prospettiva rovesciata e altri scritti*, Roma-Reggio Calabria 1990.

M. Quenot, *L'icona*, Cinisello Balsamo 1991.

M. Zibawi', *Icone. Senso e storia*, Milano 1993.

S. Bigham, *L'icone dans la tradition orthodoxe*, Montreal 1995.

P. Bernardi, *L'icona. Estetica e teologia*, Roma 1998.

A. Tradigo, *Iconi e Santi d'Oriente*, Collana "I Dizionari dell'Arte", Milano 2004.

D. Liscia Bemporad, in *Il Museo Masaccio d'arte sacra a Cascia di Reggello*, a cura di C. Caneva, Firenze 2006 (schede relative agli oggetti della liturgia ebraica).

D. Maltseva, *ibidem* (schede relative alle icone).

## Il territorio

R. Proto Pisani, *Spigolature sulla pittura fiorentina del Seicento: due Curradi firmati e un Fidani datato*, in «Arte cristiana», LXXXII, n. 763, 1994, pp. 279-284.

*L'Arno alle porte di Firenze*, Atti del Convegno (Pontassieve – Bagno a Ripoli, 28-29 ottobre 1994), a cura di G. Parenti, Firenze 1996.

L. Bencistà, *Chiesa di San Clemente a Sociana*, in *Popoli. Arte. Devozione. Itinerari nelle Cinque Verdi Terre*, Firenze 1999, pp. 47-49.

C. Caneva, *Arte e Storia a San Clemente a Sociana* (con un contributo di L. Bencistà), San Giovanni Valdarno 1999.

*Le Gualchiere di Remole e il territorio del fiume Arno. Le Ruote della fortuna*, a cura di O. Armanni, Firenze 1999.

M.L. Ungar, *Pieve di San Donnino a Villamagna*, in *Popoli. Arte. Devozione. Itinerari nelle Cinque Verdi Terre*, Firenze 1999, pp. 41-43.

C. Caneva, *"Il ritorno del Ghirlandaio". Una tavola di Ridolfo del Ghirlandaio recuperata*, Pieve di San Pietro a Pitiana, Reggello, 1° aprile 2000, Reggello 2000.

F. Martelli, *Il ponte di Pontassieve e il convento di San Francesco*, in «Corrispondenza», XXIII, n. 2, 2003, pp. 20-24.

S. Pasquini, *Gli affreschi del santuario di Santa Maria a Ponterosso a Figline Valdarno*, in «Corrispondenza», XXIII, n. 2, 2003, inserto speciale, pp. I-XII.

L. Fabbri, *"Opus novarum gualcheriarum": gli Albizmzi e le origini delle Gualchiere di Remole*, in «Archivio Storico italiano», CCXXII, 2004, disp. III, pp. 507-556.

G. Trotta, *sezioni 20.1 e 20.2*, in *Touring Club Italiano. L'Italia. 8. Toscana*, Milano 2005.

A. Monciatti, (*Titolo da definire*) nel volume dedicato al restauro della "Croce di Rosano", a cura di R. Bellucci, M. Ciatti, C. Frosinini, Firenze 2007 (in preparazione).

# Indice dei luoghi / *Index of places*

**Bagno a Ripoli**
Santa Maria a Quarto 124, *231*

**Cascia di Reggello**
Chiesa di San Giovenale 30, 88, 143, *192*, *193*, *217*, *237*
Chiesa di Sant'Andrea a Borgo 143, *237*
Museo Masaccio d'Arte Sacra 37, 39, 142, *190*, *196*, *237*
Pieve di San Pietro 25, 27, 30, 32, 142, 149, 166, *190*, *191*, *194*, *239*, *245*

**Castello di Sammezzano**
138, *235*

**Castelfranco di Sopra**
145, 171, *238*, *248*

**Compiobbi**
Villa Le Falle 127, *231*

**Donnini**
Chiesa della Vergine del Carmine 133, *233*

**Firenze**
Badia a Ripoli 123, *230*
Pieve di San Piero in Palco 123, *230*
Pieve di San Pietro a Ripoli 123, 125, *230*

**Gropina**
Pieve di San Pietro 32, 146, 147, *194*, *239*

**Loro Ciuffenna**
Chiesa di Santa Maria Assunta 147, *238*
Museo Venturino Venturi 147, *238*

**Montemarciano**
Castello 146, *238*
Chiesa della Madonna delle Grazie 147, *238*
Oratorio della Madonna di Montemarciano 146, *238*

**Pian di Scò**
Badia di San Salvatore a Soffena 34, 145, *195*, *238*
Castello dei Conti Guidi 145, *238*
Pieve di Santa Maria 145, *238*

**Pontassieve**
131, 132, 156, 158, 159, 160, *233*, *242*, *243*, *244*

**Reggello**
Municipio 141, *236*
Chiesa di San Jacopo 141, *36*
Oratorio di San Lorenzo alla Casellina 27, 67, *191*, *210*
Oratorio di San Martino a Pontifogno 141, *236*
Chiesa di San Tommaso a Ostina 144, *237*
Chiesa di Santa Maria a Ponticelli 141, *236*
Chiesa di Santa Tea 142, *237*

**Rosano**
Abbazia di Santa Maria 34, 129, 153, *194*, *195*, *232*
Gualchiere di Remole 128, 154, 155, 156, *231*, *241*, *242*

**Sant'Ellero**
Castello 133, *233*
Chiesa di Santa Maria 28, 133, *192*, *233*

**Sieci**
159, *243*

**Strada dei Sette Ponti**
Borgo di Pietrapiana 138, 140, 165, *235*, *236*, *245*

Chiesa di San Clemente a Sociana 136, *234*
Chiesa di San Donato in Fronzano 137, *234*
Chiesa di San Michele a Caselli 140, *236*
Chiesa di Sant'Agata in Arfoli 34, 138, 140, *192*, *195*, *235*, *236*
Pieve di San Pietro a Pitiana 32, 134, *194*, *234*
Villa Bonsi 140, *236*

**Vallina**
126, *231*

**Villamagna**
Pieve di San Donnino 126, *231*

# Indice degli artisti / *Index of artists*

Allori Alessandro, detto Bronzino 27, 56, 67, 70, 74, *191, 205, 210, 211, 213*
Allori Cristofano 68, 70, *210, 211*
Arnolfo di Cambio 145, *238*
Berti Pietro 133
Bianchi Bianco 158, *243*
Bicci di Lorenzo 88, 124, 145, 147, *218, 231, 238*
Bronzino Agnolo 56, *205*
Curradi Francesco 127, 133, *230, 233*
Dandini Ottavio 117, *229*
Dandini Pietro 115, 117, *228, 229*
Del Moro Giuseppe 94, *220*
Donatello 64, 88, *208, 218*
Fidani Orazio 124, *230*
Ghirlandaio Domenico, bottega di 58, *205, 206, 231*
Giovanni da Ponte 130, *232*
Granacci Francesco 127, *231*
Guidotti Agnolo 74, *213*
Hugford Ignazio 111, *227*
Jacopo di Cione 130, *232*
Maestro di Rosano 34, 130, 131, *195, 232*
Mariotto di Cristofano 27, *191*

Mariotto di Nardo 127, *231*
Masaccio 25, 27, 29, 30, 38, 39, 84, 85, 88, 90, 91, 101, 143, 146 *190, 191, 192, 19, 196, 217, 218, 219, 223, 237, 238*
Mazzi Antonio 54, *204*
Macchietti Girolamo 137, *234*
Michelozzo 64, *208*
Mino da Fiesole 137, *234*
Nelli Pietro 124, *230*
Neri di Bicci 124, *231*
Panciatichi Ferdinando 138, *235*
Raffaellino del Garbo 140, *235*
Ridolfo del Ghirlandaio 134, 135, *234*
Rosi Zanobi 27, 67, 68, 69, 70, *191, 210, 211*
Rossellino Antonio 136, 137, *234*
Sagrestani Camillo 40, 123, *197, 230*
Santi di Tito 27, 60, *191, 206*
Schiavo Paolo 138, 145, *234, 238*
Silvani Gherardo 128, *231*
Sorbi Raffaele 140, *236*
Tosi Massimo 40, *197*
Vignali Jacopo 27, 82, 123, *191, 216, 230*

# Indice

|     | Presentazioni |
| --- | --- |
| 7   | *di Edoardo Speranza* |
| 9   | *di Antonio Paolucci* |
| 13  | *di Bruno Santi* |
| 17  | *di Claudio Martini* |
| 19  | *di Luciano Giovannetti* |
| 20  | *di Ottavio Failli e Sergio Benedetti* |

## Museo Masaccio d'arte sacra a Cascia di Reggello

| 25 | Museo Masaccio d'arte sacra a Cascia di Reggello<br>*di Caterina Caneva* |
| --- | --- |
|     | Visita al museo<br>*di Caterina Caneva* |

PIANO TERRA

| 38  | • Biglietteria e bookshop |
| --- | --- |
| 39  | • 1 - Sala 1 |
| 84  | • 2 - Sala 2 (Sala di Masaccio) |
| 92  | • 3 - Sala 3 (Camera del Pievano) |
| 101 | • 4 - Scala di accesso al primo piano |

PRIMO PIANO

| 103 | • 5 - Sala 4 |
| --- | --- |
| 109 | • 6 - Sala 5 (Studio del Pievano) |

## Itinerari

| 123 | Da Firenze al Museo Masaccio d'arte sacra a Cascia di Reggello<br>*di Nicoletta Baldini* |
| --- | --- |
| 149 | Artigianato artistico ed enogastronomia attraverso l'antica Strada dei Sette Ponti<br>*di Maria Pilar Lebole e Benedetta Zini* |

177 **Glossario**
*di Francesca Sborgi*

189 **English Version**

**Apparati /** *Apparatus*
263 Bibliografia essenziale / *Short bibliography*
265 Indice dei luoghi / *Index of places*
267 Indice degli artisti / *Index of artists*

Finito di stampare in Firenze
presso la tipografia editrice Polistampa
Maggio 2007